JN418883

파랑새 찾기

김경옥

서문당

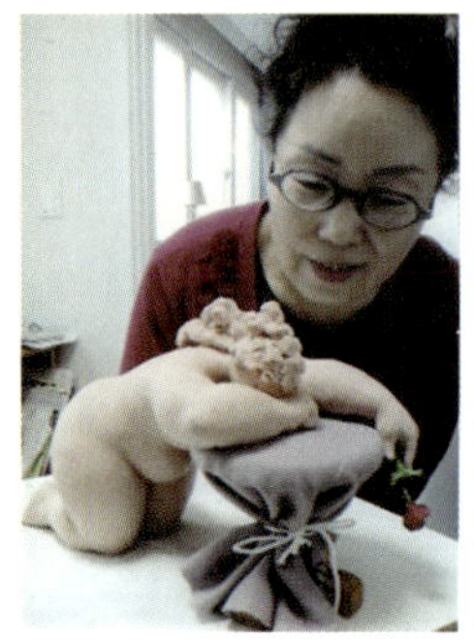

김경옥

1943년 서울에서 태어나 홍익대학교 조소과를 졸업하고 성신여자대학교 대학원을 졸업했다. 총 18회의 개인전과 500여 회의 국내외 조각전에 전시 및 초대되었다. MANIF, KIAF, 북경 아트페어, SIAF, 대구 ART EXPO, 청담미술제, 화랑미술제, 판화미술제 등 아트페어에 꾸준히 참여하였고 국립현대미술관, 서울시립미술관, 제주조각공원, 담양 대성조각공원, 한강성심병원, 부산 남서울대학, 김천시 종합운동장, 서울 성모병원, 진천 진영 아모리움 양우 내안에 아파트, 다수의 공공기관 및 여러 시설물에 수십여 점의 작품이 소장되어 있다.
지은 책으로는 ≪소통: 조각가 김경옥 작품 이야기(재승출판)≫, 작품집으로는 ≪김경옥 KIM KYONG OK(서문당)≫이 있다.

홍익대, 경희대, 동덕여대, 목원대, 서울예전 강사 역임
대한민국 미술대전 심사위원 및 운영위원 역임
서울시 미술장식품 심사위원 역임
한국구상조각회 회장 역임
숙란회 회장 역임
한국전업미술가협회 부이사장 역임
한국구상조각대전 심사위원 및 단원미술제 심사위원 역임
홍익조각회장 역임
서울시 초대작가
현) 한국구상조각회 운영위원, 춘천 MBC 현대조각전 상임위원

파랑새 찾기

초판 인쇄 2018. 2. 10
초판 발행 2018. 2. 15

지 은 이 김 경 옥
발 행 인 최 석 로
발 행 처 서 문 당
주 소 경기도 고양시 일산서구 덕산로99번길 85 (가좌동)
우편번호 10204
전 화 (031) 923-8258
팩 스 (031) 923-8259
등록번호 제 406-313-2001-000005호
등록일자 2001. 1.10
창업일자 1968.12.24
ISBN 978-89-7243-683-6

Seeking Blue

세상에서 단 하나 뿐인 존재로 나를
바라봐주는 넉넉한 품에 안기기를 갈망합니다
- 라이너 마리아 릴케 -

차 례

여는 글

사람 좋아하시는 외할머니 댁은 객식구가 끊이지 않았다고 합니다.

일찍이 혼자되신 외할머니의 큰어머니를 비롯해서 늘 화롯가에서 바늘과 인두를 들고 계셨던 성북동 할머니는 내가 서너 살 때 색동으로 복주머니를 얌전하게 만들어주시기도 했습니다.

높은 천장과 부뚜막이 시커멓게 그은 바닥 깊숙한 부엌에서 그 많은 밥을 짓던 정애 언니, 봄이면 황해도에서 오신다는 젓갈 아줌마는 마포나루터나 인천에서 새우젓과 곤뎅이젓, 조개젓을 받아다가 머리에 이고 하루 종일 이 집 저 집 "조개젓 사세요." 목이 휘도록 장사를 하고 저물녘 할머니 댁에 들어와 부엌일도 도와주고 방마다 군불도 때어주고 집도 치워주며 숙식을 했습니다.

외할머니는 낮에 심부름하는 아이에게 놋주발 뚜껑을 들려 지금의 성균관대학교 앞에 있는 책방으로 보내셨습니다.

밤이면 누구누구 할 것 없이 외할머니 방에 모여들어 놋주발 뚜껑을 맡기고 빌려온 ≪춘향전≫, ≪심청전≫, ≪옥루몽≫ 등을 읽어주는 외할머니의 책 읽는 소리에 귀를 기울입니다. 이웃집 아주머니들도 마을(마실)을 와서 합세합니다.

밤이 깊어갈수록 한숨 쉬는 소리, 아휴 불쌍해, 이녀석 좀 봐라, 못된 놈 하는 효과음이 여기저기서 터져 나옵니다.

노처녀는 남자 주인공이 내 남자인 양 설렘에, 이별의 슬픔에, 속을 볶아대며 가슴 아파했겠죠.

젓갈 아줌마는 구박하는 시어머니에 흥분해 분노하고, 혼자되신 분들은 나름대로의 외로움을 달래셨을 테고, 모두 자신의 처지에 빗대어 울고 웃고 했겠죠. 바깥세상을 모르는 여인네들의 세상 나들이입니다. 세상 돌아가는 이야기 좀 배웠겠죠.

어쩌면 세상눈이 떠지고 생각이 자라는 시간이었을 것입니다.

젓갈 아줌마는 늦가을이 되면 동대문시장에 가서 광목을 필로 사서 머리에 잔뜩 이고 황해도 고향으로 갑니다.

냇가에서 깨끗이 빨아서 솜을 켜켜이 넣고 식구들의 옷을 만들었겠죠.

봄내 여름내 고생한 것은 다 잊어버리고 애틋한 마음, 사려 깊은 마음, 정직한 마음으로 식구들 뒷바라지에 최선을 다하셨을 것입니다.

끝내는 다 잘되는 이야기에 자기가 잘된 양 한시름 놓는 그러한 글을 읽고 조각으로 만들고 싶습니다.

빨랫줄에 널어놓은 하얀 광목처럼 깨끗하고 따뜻하고 수수한 작품을 만들고, 그것을 글로 썼으면 좋겠습니다.

책을 귀로 듣던 그 방 안의 모든 분이 다 잘되는 그런 글을 읽고 만들고 싶습니다.

화롯가에 모여 앉아 잿더미를 헤쳐가며 옛날이야기가 한창입니다.

밖에서 부는 바람은 효과음처럼 문풍지를 흔들며 처마 끝 풍경 소리의 높고 낮음을 들려줍니다.

무서운 이야기는 대숲을 흔드는 소리, 자연의 소리에 한층 더 무서워집니다.

곡식은 땅을 태양을 비를 의지합니다.

연인들은 사랑을 의지합니다.

아가는 엄마를 의지합니다.

글은 글을 의지합니다.

따뜻한 화롯가 앞에서 듣던, 끝내는 모든 것이 잘되는 아름답고 정직한 글을 읽고 쓰고 만들고 싶습니다.

제1부 기차에게 보내는 편지

혁명가-기차를 탔다

<지붕 위의 바이올린>이라는 영화가 있습니다.

척박한 땅에서 가난하게 살면서도 전통을 유지하며 삶의 균형을 잃지 않은 유태인들의 이야기입니다.

우유배달부 '테비에'는 아내와 다섯 명의 딸들과 정직하게 열심히 살아갑니다.

큰딸은 겨울에 다람쥐가 사는 모습처럼 가난하게 사는 재봉사의 아내입니다.

그러나 이들 부부는 너무 행복한 나머지 자기들의 비참한 현실을 깨닫지 못합니다. 둘째딸은 세상을 뒤집어놓겠다고 옛날 방식을 변화시키겠다고 큰소리치는 외지에서 온 혁명가에게 마음을 줍니다.

어느 겨울날 추운 새벽, 아빠와 딸은 보이는 것이라고는 벌거벗은 앙상한 나무들과 흙먼지 자욱한 광활한 벌판에 있는 낡은 간이역 의자에 나란히 앉았습니다.

끔찍한 곳, 시베리아 개척지로 붙잡혀간 혁명가를 찾아 둘째딸이 떠나는 날입니다.

고생이 심할 텐데 안 가면 안 되냐고 묻는 말에 딸은 혼자 두어서는 도저히 안 되겠다는 마음, 그 마음 하나로 떠난다 합니다.

무지막지한 검은 기차가 폭풍 같은 시커먼 연기를 내뿜으며 달려올니다. 커다란 괴물 같습니다.

둘째딸은 울먹이며 "다시 만나게 되는 것은 하나님만 아시겠죠?"라는 말을 남기고 기차에 올라탑니다.

거대한 변화를 위해서 무거운 발로 올라탄 그 기차에 나도 따라 오릅니다.

대학을 졸업하고 결혼하고 아이 셋을 낳고 다시 공부를 시작했습니다.

앞에서 잡아당기고 뒤에서 밀어붙이는 어떤 힘에 시달리다 못해 막내아이가 유치원에 입학한 해 7월에 대학원이라는 곳에 휩쓸려 들어간 것입니다.

갑자기 진행된 일이라 입학원서를 넣는 시간도 급박했고 원서에 넣을 사진도 장마철 빗속에 남의 집 처마 밑에서 비 맞은 베트콩 얼굴로 찍었습니다. 막내를 유치원에 밀어넣고 합격발표도 나기 전에 오이지 넣은 도시락을 싸들고 대학 선배님 한 분만 믿고 학교에 나갔습니다.

식구들에게 인정 받으려고 자는 아이들 얼굴을 이마, 코, 입, 눈, 귀 할 것 없이 하나하나 손으로 만져보고 가로, 세로, 둘레를 줄자로 재서 흙으로 빚었습니다. 목욕탕에 가서는 여인들의 움직임을 보느라 몇 시간씩 탕 안에 있었습니다.

이 땅의 평화를 위해 평화로운 작품을 하자는 비장한 마음은 평화로운 아이들의 모습에서 시작해 풍요롭고 평화로운 땅을 의미하는 '대지의 여인'까지 이어졌습니다.

기차의 칸칸마다 있었던 고비를 내면의 치열한 싸움과 여러 사람들의 도움으로 그럭저럭 넘기고 나니 마음에 흔적이 남았습니다.

그것은 온전히 나의 몫입니다.

내리는 눈을 봅니다. 눈은 내가 일부러 뭉치지 않아도 나무는 나무 모양대로 장독은 장독 모양대로 가로등은 가로등 모양대로 거리의 시계탑은 시계탑 모양대로 형태를 만들어줍니다.

비는 내리면서 흘러갑니다. 그것도 내 의도대로 흘러가는 것이 아니라 흐르는 대로 흘러갑니다. 가다가 앞이 막히면 옆으로, 옆이 막히면 그대로 잠시 멈춥니다. 빗물이 흘러와서 밀어낼 때까지.

세상을 뒤집어놓겠다는 혁명가는 보이지 않고 덜컹거리는 낡은 기차가 힘겹게 내는 기적 소리가 들립니다. 기차에 편지를 띄웁니다. 아이러니하게도 내 뜻대로 되는 일은 하나도 없으면서 내 뜻이 아니면 되는 일이 하나도 없었습니다.

당신의 고통, 내가 견딜게요!

사랑을 할 줄 몰랐습니다. 아니 사랑하는 방법을 몰랐습니다. 무조건 좋아만 하면 되는 줄 알았습니다. 붉은 빛깔의 사과를 베어 먹으면 그 새콤한 첫맛에 사과를 좋아하게 됩니다. 영롱하게 영근 포도를 보면 통통한 그것을 깨물며 영화 보는 걸 좋아하게 됩니다. 그 순간은 세상 부러울 것이 없습니다.

너대니얼 호손의 ≪주홍글씨≫에서 아기 아버지가 누구인지 말하면 가슴에서 'A' 자를 떼어주겠다고 제안하는 사람들에게 헤스터는

"주홍글씨는 너무 깊이 낙인 찍혀 있어서 떼어버릴 수가 없습니다. 저는 제 자신의 괴로움은 물론 그 사람의 괴로움까지 참아내려 합니다" 라고 말합니다.

열쇠구멍만큼의 시야로 내 처량한 상상력을 믿고 수없이 작품을 만들었습니다. 나로 인하여 순전히 주관적인 견해로 만들어진 작품 앞에서 늘 주눅이 듭니다. 왜 만들었는지, 어떠한 것을 뜨거운 열로 태웠는지 묻는 듯합니다. 나의 작품에 대한 사랑은 속절없는 사랑, 처량한 사랑, 가난한 사랑, 초라한 사랑입니다.

사람은 주어진 운명의 힘에 밀리더라도 벗어나려고 스스로 노력할 수 있습니다. 그러나 내가 만든 작품은 그 자신이 어떻게 노력을 하겠습니까. 만들어진 그 모양대로 그 짧은 생을 빛도 없이 소리도 없이 마감합니다.

작업실에 가면 가장 먼저 커피 물을 올리고 음악을 틀고 비닐 속에 갇혔던 작품을 벗기고 "얘야, 난 너와 이렇게 마주 보며 앉아 있을 때가 제일 좋구나"라고 합니다. 진정으로 사랑한다면 그 대상이 필요로 하는 것이 무엇인지 알아야 합니다. 시원한 공기가 필요한지, 마실 물이 필요한지… 생각하니 내 울타리 안에서 모두 가려버리고 세상을 자연을 보여주지 않았습니다. 거센 바람을, 불꽃같은 태양을, 직립하여 딱딱 꽂히는 비를 가려주었습니다. 마땅히 그가 받아야 할 사랑을 받지 못하고 가려지니 시들시들 생명력이 사라집니다. 사랑을 배우지 못한 주인을 만난 탓에.

고전 무덤

안개비 내리는 무덤을 바라보고 있다.
한 폭의 수묵화 같은 침묵이 고요히 흐른다.
진정으로 무덤이 무엇인지 안다면
이 세상은 화목할 것 같다.

몇 년 전부터 도심에서 밀려난 내 작업실은 벽제 시립묘지를 마주 보는 곳에 있습니다.

처음에는 무섭기도 하고 비라도 오는 날엔 더욱 으스스한데다가 어둑어둑해지면 뭔가가 붙잡을 것 같아서 오싹하기만 했었죠.

어쩌다가 공동묘지 앞까지 왔을까, 하는 마음에 너무나도 서글펐습니다. 하루는 점심식사 후에 커피를 한 잔 마시다가 습관처럼 밖을 바라봤습니다. 문득 몽실몽실 여인의 가슴으로 보이는 봉분이 그리 아름다울 수가 없었습니다.

40여 년 전 그 여인의 가슴이 왈칵 떠오릅니다.

1970년대, 그러니까 큰딸 아이가 세 살 때쯤 대나무로 짠 크고 작은 소쿠리를 머리에 잔뜩 이고 빨강, 파랑, 노랑, 초록, 하양으로 물든 앙증맞은 아이들 소꿉놀이용 오색바구니를 손에 든 소쿠리 장사 아줌마가 우리 집에 자주 다녔습니다.

어느 무더운 한여름 뙤약볕에 아줌마의 얼굴은 벌겋게 익었고, 윗

도리로 입은 베적삼은 양옆으로 벌어진 채 잔뜩 불은 젖이 흘러나와 땀과 함께 푹- 젖어 있었습니다. 냉수에 미숫가루를 타서 건네고는 작은 바구니를 하나 사서 딸아이 손에 쥐어주었습니다. 부득이 그냥 준답니다.

"아줌마, 빨리 팔고 맘마 기다리는 아가한테 가야죠."

내 말에 벌건 얼굴보다 더 붉은 눈물이 눈가에 어렸습니다.

몇십 년 전 일이 갑자기 무덤에 오버랩되어 퉁퉁 불은 힘찬 젖가슴으로 보이면서 소쿠리 아줌마 생각이 났습니다. 그 순간 무덤이 젖줄기로 생명의 샘으로 보입니다. 뭔가가 다시 살아나 약동하는 기분입니다. 그 무서움, 기피증, 싹- 없어졌습니다.

이름 모를 풀꽃들, 진달래, 벚꽃, 개나리… 각양각색의 꽃들이며 감나무, 대추나무… 무성한 나무들, 뻐꾸기, 부엉이, 까치, 까마귀… 새들이 종일 이 나무 저 나무로 옮겨 다니며 노래 자랑하듯 지저귑니다.

무척이나 조용하고 공해가 없습니다. 이장해나간 무덤들을 일궈 토마토, 오이, 고추, 배추, 옥수수, 상추, 깻잎 등의 채소들을 근처 동네 사람들과 더불어 호성조형연구소 윤 사장도 농사를 짓습니다.

점심 먹고 어슬렁거리며 올라가 말을 붙이면 그냥 따가라 합니다. 내 생전 처음 따보았습니다. 점심때 물로 대강 씻어 상추쌈 크게 싸서 입에 넣으며 무덤을 봅니다. 저분들도 옛날에 이렇게 먹고 살았겠지요.

내 숨소리마저 들리지 않는 조용한 무덤. 만 가지 생각에 머리가 복잡한 사람에게는 좋은 휴식, 진정한 쉼을 얻을 수 있는 소박한 침묵의 장소입니다.

시마

바다의 우체부는 강물입니다. 봄에는 대지가 움트는 소리로, 여름에는 뙤약볕 아래에서 청청하게 우거지는 녹음들의 소리를, 가을에는 그 숱한 열매들의 이야기를, 그리고 떠나가는 가랑잎의 마음을, 겨울에는 힘겨웠던 모든 것을 내려놓고 땅속으로 스며드는 자연의 힘을… 여기에 발맞추어 살아내려고 갖은 투쟁을 다하는 우리의 이야기들. 모든 발버둥과 아우성을 고스란히 바다에 전달합니다. 바다가 높게 낮게 거칠게 잔잔하게 파도치는 것은 이것들에 대한 답변일까요?

사람들이 시를 짓는 것은 생각을 가지고 하는 것이 아니라 '말을 가지고 만드는 것이다'라는 말이 있듯이 영화 <영원과 하루>는 그리스의 안개 짙은 해변을 배경으로 병든 노시인이 시어를 찾아 떠나는 이야기로 시작합니다. 과거와 현실, 기억과 환상이 엇갈리는 시인 알렉산더는 우연히 한 소년과 만나 많은 시간을 보내며 그에게 시어를 삽니다. '숨 은 꽃!'이란 단어 하나에 동전을 하나 줍니다. '망명'에 동전 하나, '나'에 또 하나, '너무 늦었다'에 또 하나.

죽음을 앞둔 그리스의 노시인 알렉산더에게 지구 반대편 아득한 옛날의 시인들을 소개하고 싶습니다. 시인이 그리 고통스러워도 빠져나올 수 없게 하는 것, 옛날 사람들은 이것을 '시마'라고 불렀지요.

날이면 날마다 심간 도려내
몇 편의 시를 쥐어짠다네.
(중략)
손바닥을 비비며 크게 웃다가
웃음을 그치고는 다시 읊는다.
살고 죽음 반드시 이 때문이리
이 병은 의원도 못 고치리라.

이규보의 '시벽'에 나온 구절입니다. 중국 당나라 시인 한유는 자신의 병적인 시어에 대한 몰두에 관하여 '슬프다, 무익한 일에 정신을 낭비하니…'라고 했다고 합니다. 세상에 쓸모없는 일들을 헤아려본다면 배부르게도 할 수 없고 추위를 막아줄 수도 없고 아픈 데를 고쳐주지도 못하는 예술은 단연 최고일 것입니다.

책방에 가면 갖가지 종류의 책들이 많고도 많습니다. 문학에서 시작해서 예술까지 국적을 넘나드는 수많은 책들은 너무 현란해서 무엇을 찾아야 할지 알 수 없을 지경입니다. 그중에 몇 권이나 예술이라는 마물에 걸려서 쓰고 만든 것일까요. 시마는 절대적으로 따뜻한 곳, 배부른 곳, 행복한 곳, 자족하는 곳으로 스며들지 않습니다. 분노가 슬픔이 아픔이 절망이 애절함이 그리움에 곤두선 사람에게 쓱- 다가섭니다. 그래서인지 삶이 고달픈 사람이 쓴 시야말로 진정 가슴을 울립니다.

생각이 자라난다

매일 보는 골목길을 지나면 문방구, 자전거포, 길 건너 눈에 익은 할아버지 치킨 집, 병원, 설렁탕 집 옆 우체국이 있습니다. 뭇 사연이 쌓이는 추억의 건물입니다. 우체국 가는 길과 이메일 보내는 시간을 비교해보면 게임이 되지 않습니다. 하지만 거북이와 토끼처럼 거북이 편지는 회오리바람 같은 이 세상에서 우리의 마음을 가만히 가라앉혀주어 내가 어디로 가는지, 어디에 있는지 알게 해줍니다. 마음과 마음이 오고 가는 것은 종이에 내가 내 글씨로 마음을 옮기는 것입니다.

연필, 지우개, 볼펜, 종이, 옛날 같으면 잉크병, 펜촉, 이 모든 것의 모양새에서 그 시대의 역사를 볼 수

있습니다. 나는 종이에 편지를 쓰고, 종이로 된 책에 연필로 줄을 그어가며 책장을 넘기는 걸 좋아합니다. 기분 나쁜 편지는 구겨서 확 버립니다. 그러면 잠시나마 분노가 가라앉습니다. 소중한 편지는 노랑 테두리에 모란꽃이 만발한 직사각형 상자 속에 넣습니다. 상자만 보아도 가슴에 켜켜이 쌓아둔 추억이 떠오릅니다. 마음의 꽃이 다시 피어납니다.

영화 <1492 콜럼버스>에서 콜럼버스는 밤이면 촛불 아래 공작새 깃털처럼 멋스러운 깃이 달린 펜에 잉크를 묻혀 일기를 씁니다. 종이 위에서 왈츠를 추듯이 구불구불한 필기체가 그림같이 멋있게 보일 때마다 종이에 펜이 닿는 그 소리가 참 경쾌하게 들렸습니다. 이제는 컴퓨터에 밀려 영원히 없어진 소리입니다.

싱어를 생각하며 아프게 울었다

지금 내 가슴은 몹시 아픕니다. 주인공 싱어가 내 가슴을 자꾸 파고듭니다. 아무리 머리를 흔들어도 막무가내입니다. 얼마나 무섭고 외롭고 답답하고 사람들의 무심함에 절망했을까. 불쌍한 마음에 거실마루를 왔다 갔다 수없이 하다가 늦은 시간이지만 펜을 들었습니다. 마음은 아프지만 글을 쓰는구나, 바로 이 맛에 책을 읽고 작가는 이것을 노리고 글을 쓰는구나.

원작자 카슨 매컬러스가 쓴 이 작품은 1940년에 출판되었고, 당시 작가의 나이가 스물세 살이었다고 합니다. 그 나이에 이런 절대고독의 글을 쓰다니….

내 나이 스물세 살을 생각해보았습니다. 철없이 미술대학 조소과에 다니던 시절입니다. 고민하지 않고 허영에 들떠 작품을 했고, 그 죄를 지금 톡톡하게 받고 있습니다. 수박 겉핥기, 겉만 보고 푸른 녹색의 검은 줄이 그어진 것은 수박이야, 수박에 그어진 검은 줄이 몇 개인 줄 알아? 외치던 때였습니다. 왜 수박의 열꽃 같은 붉은 열정을 들여다볼 생각은 하지 않았을까요? 요즈음 내 쪼그라진 가슴은 매일 주름투성인 내 주먹으로 얻어맞는답니다. 헛-소-동으로 내 청춘은 갔습니다.

작품, 너는 무엇이냐. 안타까움에 온몸이 가렵고 뒤틀립니다. 이렇게 허망하게 지지부지 끝나는 것일까. 어디까지가 작품이고 어디까지가 예술이라는 것일까. 현대에 맞는, 이 시대가 원하는 것에 걸맞은 작품을 할 수 있을까. 이 시대가 진정으로 원하는 예술은 무엇일까. 모두 예술이라고 아우성치는 이 시대를 진정시킬 수는 없을까. 빠르게 달려만 가는 세월에, 시간에 진정 쉼을 줄 수 있는 작품을 할 수 있을까.

후회스러움과 두려움과 매일 싸운답니다. 오늘도 팽이처럼 시간에 얻어맞으며 팽팽 돌았습니다. 본 것도 없고 손에 쥐어진 것도 없습니다. 그냥 돌았습니다. 기차는 같은 시간에 검은 연기를 앞세우며 들어와 긴 기적을 울리며 내 앞에 섰습니다.

변함없는 모습, 내 유일한 친구입니다. 하나밖에 없는 친구입니다.

향기로운 장롱

덥지도 춥지도 않고 바람마저 따뜻하군요. 자전거를 타고 기차역으로 가는데 그렇게 상쾌할 수가 없습니다. 하늘에서 비행기가 지나가는 소리가 들립니다. 참으로 평화스러운 노래입니다. 약간은 마음이 나른해지는 기분입니다. 밤을 주행하는 비행기는 이와는 정반대죠?

특히 멀어져가며 꼬리 쪽으로 빨간 불빛이 깜빡일 때는 그리움이 확- 몰려듭니다. 동시에 기다림의 기대가 부풀어 오릅니다.

일찌감치 도착한 생일 축하카드, 기쁨으로 받았는데 답장은 이리 게으름을 피우는군요. 감사했습니다. 한 번도 잊지 않고 보내온 축하카드와 틈틈이 보내주시는 편지로 내 조그만 화각장은 가득 찹니다. 화각장 서랍만 보아도 당신을 보는 듯하군요.

빨간색의 화각장은 코끼리 상아를 얇게 저며 그 위에 그림을 그린 것입니다. 봄꽃이 아름답게 피어 치마저고리, 장옷을 덮어쓴 여인들이 꽃놀이를 합니다. 둥근 보름달 아래 열심히 책 읽는 선비가 있는가 하면 소곤거리는 떠꺼머리총각, 몽당치마에 길게 머리를 땋아내린 처녀도 보입니다. 아이의 손을 잡고 다소곳이 지아비 뒤를 따라가는 장옥 속의 지어미 자태가 아름답군요. 한쪽에는 점잖은 선비가 여인을 차마 쳐다보지 못하고 봄꽃만 보는 장면도 있습니다. 풍속도를 가만히 들여다보면 시간 가는 줄 모르고 타임머신을 타고 그곳으로 가 내가 주인공이 되곤 한답니다. 이곳에 당신의 이야기가 가득 차 있습니다. 봄꽃 향기가 가득합니다. 화각장 안에 당신은 그림만큼이나 아름답습니다.

내가 일기를 쓰는 것은 이제 보니 당신과 소통하고 싶어서인 것 같습니다. 지난번 편지도 두려움, 염려, 짜증, 우울함의 골짜기에서 허우적거리는 내 말만, 내 주장만 해서 죄송합니다. 오늘 기차역의 커다랗고 둥근 시계는 유난히 느리게 가는 것 같습니다.

놀이 삼매경

요즈음, 작품이란 말이 낯설게만 느껴집니다. 언제 작업을 했던가 싶게 작업실이 낯설고 어색하고 좌정한 작품들은 냉정한 얼굴들입니다. 순간적으로 현기증이 와 녹슨 심봉대를 꼬옥 붙잡았습니다. 창조적인 삶은 젊은 것입니다. 맞나요? 이 세계의 목적은 놀이라고 생각됩니다. 예술가들은 그것을 알고 있습니다. 그리고 놀이와 창조는 같은 것을 다르게 부르는 단어일 뿐이라는 것을 알고 있습니다.

아! 놀이 삼매경, 아이들이 콧등에 송알송알 예쁜 땀송이가 맺히도록 손에 무언가를 쥐고 열심히 놉니다. 무엇일까? 잡힐 듯 달아나는 시간에 묻습니다. 보이지 않는 아이들 동요처럼 보일 듯이 사라지는 세월에 다가갑니다.

작품에서 차지하는 공간, 이 공간을 잡으려고 평생을 흙을 쓰다듬은 지 벌써 50여 년입니다. 그 공간이 무엇을 원하는지 아직도 아리송합니다. 모른다는 말이 진실이겠죠. 질긴 마음의 긴 여행입니다. 그래도 나를 지켜준 것은 차디찬 심봉대와 더 차디찬 조각도. 지극히 무심한 흙더미가 지탱해주었습니다. 내가 그들을 힘껏 의지했다는 것이 옳은 말일 것입니다. 사라졌다가 되돌아오는 마음의 여행. 다만 내 작품 모두가 정처 없는 마음의 흔적일 뿐, 하고 해도, 만지고 만져도, 생각하고 생각해도 낯설기만 한 공간, 오늘도 나는 나그네일 뿐입니다.

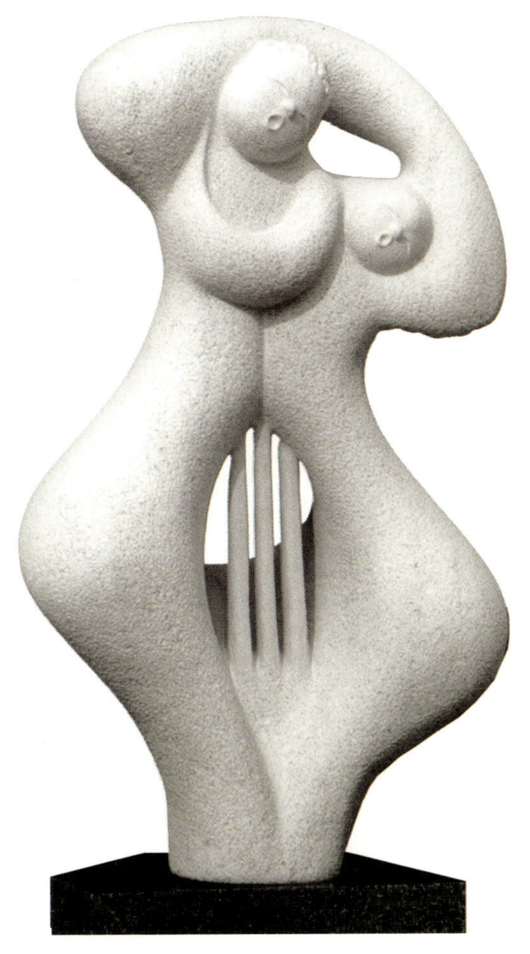

내 방식대로 여행을 했습니다. 심봉대에 철사를 꽁꽁 묶을 때도 따끈따끈하게 석고를 바르면서도 지독한 폴리 냄새를 맡으면서도 기묘한 긴장감에 쌓이면서 끝없이 낭만이라는 여행을 했습니다.

오늘은 5시 45분 기차에 맞추어 기차역 가는 길에 아이비 색깔의 창문이 달린 커피숍이 눈에 들어왔습니다. 자그마한 예쁜 창문입니다. 내 빨강 자전거를 조심스럽게 창가에 세워놓고 문을 밀었습니다. 커피 냄새가 확 나를 잡아끌었습니다. 두리번거리던 내 시선이 벽에 걸린 그림에 멈추었습니다.

여인은 지그시 눈을 감고 바이올린을 켜고 있습니다. 유난히 가느다란 흰 손이 바이올린의 맨 아래쪽을 더듬고 있습니다. 나에게는 매우 낮은 음을 켜는 것이 아닐까 생각되었습니다. 여인의 윗도리는 푸른 하늘에 흰 구름이 흐르는 듯한 색깔이고 치마는 노을의 색깔이었습니다. 바이올린의 가장 낮은 음이 여인의 감은 눈에서 흘러나오는 듯했습니다. 속삭이듯 슬피 우는 바이올린 소리는 소설 같은 그녀의 사랑 이야기 같았습니다.

오늘은 좋은 날입니다. 이런 감성, 참 오랜만입니다.

매일 지나던 길인데 오늘 발견하다니….

모호함 속에서

"…아름다움에 대해 생각해보았습니다. 찰나의 아름다움을 위해 자연이 얼마나 고생을 하는지, 엉뚱하다고 생각하시죠? 난 엉뚱한 생각, 공상을 많이 한답니다."

아름다움이란 참으로 각양각색의 의미가 내포된 단어라 생각됩니다. 사람의 아름다움은 겉모습이 무심한 세월 따라 변하니 마음의 아름다움일 것 같네요. 자연의 아름다움, 이것만은 인간이 아무리 노력해도 안 된다고 생각됩니다. 이것은 예술가의 노력, 능력보다 먼저 이미 존재해 있었다고 생각되니까요.

중국 '지린'이란 곳은 겨울이면 쑹화강 주변으로 펼쳐지는 무송의 경관을 보기 위해 엄청난 추위에도 많은 사람이 찾는다고 합니다. 강이 흐르면서 강물의 수증기가 나뭇가지에 붙어서 피어나는 꽃이 무송입니다. 바람, 속도, 방향에 따라서 가지각색의 무송이 피어나는데 영하 십오 도에서 이십오 도 사이에 가장 예쁜 무송이 핀다고 합니다. 영하 삼십 도가 되면 수증기가 강에서 올라와 나뭇가지로 가기 전에 얼기 때문에 수증기가 안개처럼 바람에 밀려가 나뭇가지에 쌓이면서 보이는 풍경은 아름답다는 말 외에는 다른 표현은 없을 것 같습니다.

지금까지 살면서 흰색의 반짝거리는 그윽한 안개 속의 수묵화는 본

적이 없습니다. 그 현란하면서도 조용하고 지극히 고요한 무송 사이로 언뜻 보이는 노을은 어느 때 본 노을과는 달리 따뜻해 보이고 위대해 보였습니다. 그러나 해가 뜨는 동시에 사라지는 무송, 찰나입니다. 그 찰나를 위해 엄청난 추위를 견디면서 꽃을 피웁니다. 그래서 더욱 아름답습니다.

예술가는 이미 존재해 있었던 아름다움을 답습하고 있는 것입니다.

영화 <베니스의 죽음>에서는 작곡가 아센 바흐와 친구가 이런 대화를 나눕니다.

"예술은 사냥감을 찾아 그것을 명중시키는 것 같아. 그러나 현실은 그 표적을 밝혀주고 명중을 도와주지 못하지… 예술가는 모범적이어야 돼. 조화와 힘의 본보기여야 돼. 모호해서는 안 돼. 하지만 예술은 모호한 거야. 그리고 모든 예술 중에서도 음악은 가장 모호하지."

아름다운 자연이 있고 아름다운 음악이 있는 세상… 사람들 마음만 아름답다면 우선 내 마음이 아름답다면, 내 눈에 보이는 모든 것이 아름답고 기차의 기적 소리가 아름다운 노래로 들린다면….

흐르는 물에

날씨가 무척 덥군요. 이런 날은 물장난을 하는 것이 제일이라 생각돼 흐르는 물에 컵과 수저를 들이댑니다. 깨끗하게 씻기지 않습니다. 마냥 물이 스쳐 지나갈 뿐입니다. 물에 맡기지 말고 내 손으로 빡빡 닦아내야 합니다. 그래야 컵과 수저에서 빛이 나며 윤기가 납니다. 이제 깨끗한 컵으로 기분 좋게 물을 마실 수 있고 빛나는 수저로 맛있게 밥을 먹을 수 있습니다.

물은 항상 흐릅니다. 내 안에서 흐르는 영감을 잡아끌어내 열심히 닦고 닦아야 합니다. 집중력이고 열정입니다. 내 안에 꽁꽁 숨어 있는 것을 힘껏 잡아끌어 찬란한 햇빛도 쏘여주고 큰바람, 작은 바람, 따뜻한 바람도 스쳐가게 해주고 하늘에서 내리는 가랑비도 장대같은 비바람도 흠씬 맞게 해야 합니다. 송알송알 내리는 눈송이가 가만히 가라앉아 쉬도록 해주어야 합니다. 밤에는 차가운 달빛 조용한 달빛 그윽한 달빛도 보여줘야 합니다. 반짝반짝 영롱한 별빛과도 만나야 합니다. 새벽안개 속의 부지런한 새소리도 들려줘야 합니다. 오래된 나무처럼 봄답게 여름답게 가을과 겨울답게 의연하게 버티어내는 그 힘을 보여줘야 합니다. 나무는 근심도 걱정도 두려움도 없이 자연에 잘 순응하는 힘이 있습니다.

옛이야기가 생각나는군요. 거문고를 가르치던 스승은 기다리라는 말을 남기고 강을 건너갔습니다. 오랜 시간이 지나 기다림에 지친 제자는 우연히 스승의 마음을 깨닫습니다. 바람 소리, 파도 소리, 흐르는 강물 소리, 자연의 소리에 귀 기울이게 하려는 것이었음을… 오늘도 잠 못 이루며 감성이 열리고 영감이 오기를 간절히 기다립니다.

네가 정말 자랑스럽구나

학교마다 우수 학생들을 뽑아 국가시험을 치르게 하는데 마르셀이 학교의 이름을 드높였습니다. 선생님인 아버지는 여러 선생님들의 축하 속에서 기쁨과 기대가 넘치는 얼굴로 아들을 바라봅니다.

아버지가 아들 마르셀에게 말합니다.

"네가 정말 자랑스럽구나."

영화 <마르셀의 추억>에서 온 식구가 두 손 가득히 보따리를 들고 여름의 집으로 걸어가는 장면은 화가 르누아르의 '풀밭 사이 오솔길을 올라가는 여인'을 보는 듯합니다. 밝은 태양과 하얀 구름, 숲속의 맑은 공기, 작은 풀벌레 소리, 여러 새들의 합창, 이름도 다 알지 못하는 아름다운 꽃들의 향연, 투명한 시냇물 소리… 예쁘고 복스럽게 생긴 엄마의 모습은 꽃모자를 쓴 그림의 여인과 같습니다.

여름의 집 앞마당에 하얀 천의 테이블보가 보입니다. 엄마는 채소 샐러드와 주스, 우유, 빵 등으로 아침을 정갈하게 차리고 아빠는 드넓은 앞마당 잘생긴 나뭇가지에 거울을 떡 하니 걸어놓고 흰 구름을 닮은 거품을 턱 아래 풍성히 바르고 수염을 깎습니다. 그들의 아침 식탁에는 구름도 오고 새들도 오고 바람도 살랑살랑 들여다보고 갑니다. 목가적 풍경, 아름다운 자연의 힘입니다. 아버지의 권위가 집안을 부드럽게 이끌며 어려움이 불편하지 않고 불편함이 어렵지 않게 삽니

다.

아버지가 사랑스러운 눈으로 아들을 바라보며 말했던 '네가 정말 자랑스럽구나'라는 대사가 마음에 깊이 남았습니다. 주위를 둘러보면 아버지와 아들 사이의 상처는 몹시 깊더군요. 형제와 형제 사이도 마찬가지입니다. 우리는 매체를 통해 들은 이야기들을 모두 남의 이야기로 듣고 흘려버리지만 돌아서면 그것이 서서히 나의 이야기가 되어 갑니다.

태어난 지 여덟 달 된 손자가 있습니다. 안개 속 저 멀리서 찾았던 '자랑'이 바로 코앞에 있습니다. 벙글벙글 웃습니다. '예쁘기도 하지, 아유 자랑스러워.' 엉금엉금 기어갈 준비를 합니다. 올림픽 100미터 달리기 선수의 포즈입니다. '올림픽 선수가 되려나? 아- 자랑스러워.' 이유식을 넙죽넙죽 받아먹습니다. '잘도 먹네, 무럭무럭 자라 거라. 천하장사, 우리 집 자랑거리네.' 내 자랑거리는 뉴스가 시작되면 꼬옥, 일기예보와 스포츠뉴스 음악 소리에 꼬옥 머리를 돌려 쳐다봅니다.

한승원의 소설 ≪물보라≫의 한 구절입니다.

꽃을 좋아하는 할머니는 굿쟁이다. 치자나무 앞에 혜선이 키만 한 체경을 세워놓는다. "꽃아 꽃아 니 얼굴이 얼마나 예쁘고 아름다운지 봬주마. 아잉 자 자세히 봐라이. 니가 너를 봐도 참말로 환장하게 예쁠 것이다."

앞마당에 핀 치자나무를 사랑하고 자랑하는 할머니의 그 마음을 닮아 살았다면 내 주위의 모든 사람을 자랑스러워하며 살았다면 지금의 내 삶은 어떻게 변했을까요?

너무 부럽다. 내 입에서는 한 번도 나오지 않은 소리다. 그리고 한 번도 듣지 못했다. 왜 크고 커다란 것에만 신경을 켜놓았을까. 자랑을 아주 먼 곳에, 높은 곳에 모셔놓고 바라만 보았다. 여기에 있는 것, 여기는 없다 생각했고 나의 목표는 외부에, 그것도 아주 멀리 있다고 생각했다. 찔렸다. 아직도 아물지 않은 오래된 상처들은 딱지가 붙었나 하면 다시 떨어져 피가 난다. 그것이 비교함에 있었다는 것을 지금 이 시간에 깨닫는다.

■ -이날의 일기 중에서

손자국 발자국

오로지 자나 깨나 아이들, 그들의 재롱과 웃음에 울음에 '왜 세상 사람들이 관심이 없지?' 의아해하며 순간순간의 행복에 도취되어 살던 때가 있었습니다. 추억을 만들자! 추억뿐이다. 나이 들면 추억으로 산다. 세상을 떠날 때 가져갈 건 추억뿐이라는 생각으로 아이들 발을 깨끗이 씻겨 발바닥을 찍었습니다. 유화물감이 묻으니 싫어했습니다. 나 혼자 흥분해서 이리저리 달래가며 손바닥을 찍었습니다. 비싼 액

자에 끼워 거실에 걸어놓고 손님들이라도 오시는 날엔 그들의 시선만 따라 다녔습니다. 자랑스러움에 자신만만(?)해서 가슴은 마냥 뛰었습니다.

꽃도 피고 비도 오고 눈도 오고 눈사람도 만들고 염천의 바람도 지나가고 인생의 사계절은 가끔 오락가락했지만 아이들의 손발은 쑥쑥 컸습니다. 커다래진 발로 뚜벅뚜벅 급한 듯 모두 떠나가고 어릴 때의 손자국, 발자국은 그대로입니다. 몇 번 가져가라고 말을 했는데도 '나중에'라고 합니다. 전혀 관심이 없습니다. 추억을 위해 만든 손자국, 발자국은 창고로 쓰는 방에 갇혀 있습니다. 나 떠나면 그네들이 분리수거하겠죠?

눈 오는 소리

어김없이 다가오는 겨울에 눈은 꼬옥 내려옵니다. 약속을 어긴 적이 없습니다. 지금, 마음이 그리움에 설레고 기다림에 조급해집니다. 다양한 소리를 내는 비와는 다르게 소리 없이 내리는 하얀 눈의 소리는 어디에 담아야 들을 수 있을까요? 어떤 그릇에 담아야 떨어지는 소리가 날까요? 어떤 음일지 뽀드득뽀드득 밟기 전에는 불가능한 일일까요?

고등학교 시절 오후 수업시간에 창문 너머 생각지도 않았던 첫눈이 내렸습니다. 어떤 과목인지는 생각나지 않고 남자 선생님이셨는데 모두 합심하여 "첫눈 와요~ 공부 그만해요~ 그만해요~ 그만해요~" 하던 때가 생각나는군요. 댄스 가수들처럼 흥겹게 흔들며 춤추며 노래하듯 했습니다.

그렇군요. 눈은 청소년들 마음에 떨어져야 경쾌한 높은 음의 소리가 나는군요. 대문 앞 골목길에 모여 눈사람을 만드는 사람들에게는 단결의 소리가 나겠죠. 눈싸움하는 친구들, 연인들이 하얗게 뒤집어쓰고 소리 내어 크게 웃으며 눈을 던지면 사랑의 소리가 나겠죠. 바쁘게 뛰어다니는 신바람 난 강아지의 꼬리 흔드는 소리일지도 모릅니다.

눈 내리는 날이면 깨어나기 싫은 꿈속마냥 좋습니다. 기다림이 절대로 헛되지 않다는 자신감이 듭니다. 눈 아프게 쳐다보고 마음의 문을

활짝 열고 길게 심호흡합니다. 눈의 냄새를 먹습니다. 그리고 기억합니다. 그러나 이제는 눈 오는 날 육교를 오르내릴 때면 엄청난 두려움에 빠져듭니다.

"우리 나이에 넘어지면 끝이야. 뚝 부러지면 어떡할래? 자식들은 모두 바쁜데…."

귓가에 눈 내리는 소리가 이 세상 낮은 '음' 중에 가장 낮은 '음' 소리같이 들립니다. 긴 겨울잠을 자려고 땅 속으로 잔잔히 스며드는 모든 자연의 소리, 영혼이 떠나 흙으로 돌아가는 우리도 자연의 소리가 되겠죠?

발자국을 돌아보며 또 돌아보며 걸어온 길을 봅니다. 마음이 싸-해집니다. 하얀 것은, 깨끗함은 소리 없이 오나 봅니다. 남을 도와주는 것도 남몰래 사랑하는 것도 소리가 없기에 더 고귀하지 않을까 생각해봅니다.

빨간 자전거

자꾸 짜증이 나서 옛날 노래 '짜증을 내어서 무엇하나'를 흥얼대면서 마음을 가라앉힌답니다. 엊저녁 영화 <안개 속의 풍경>를 다시 보았습니다. 무언가 얻을까, 위로받을까 하면서….

어린 소녀 볼라와 남동생 알렉산더는 막연히 독일에 산다는 아버지를 찾으러 안개 속 같은 여행을 시작합니다. 오늘 내 마음은 유랑극단 청년에 가 닿았습니다. 테스의 독백이 어쩜 내 작품생활과 딱 들어맞는지, 작품을 만들 때의 심정이라면 정직한 대답일 것입니다.

"너희는 참 이상해. 급히 떠나려는 것 같으면서도 갈 곳 없는

50 파랑새 찾기

것 같고 그러면서도 어디든지 계속 가고 있어. 목적지는 있니? 난 허무를 향해 기어가는 달팽이야. 어디로 가려는지 모르겠어. 한때는 안다고 생각했지. 그러나 난 지금 어디로 가고 있는지 몰라."

보일 듯 잡힐 듯한 영감, 나를 포함한 이 지구상의 모든 작가가 겪는 고통이고 절망이고 그 속의 깨끗한 희망이라고 생각해봅니다.

좋은 소식이 있습니다. 이번에 빨간색 자전거를 하나 마련했습니다. 시커멓고 녹슨 자전거를 타고 다니면서 항상 보는 듯 안 보는 듯 지나치던 자전거상회의 빛나던 빨강 자전거입니다. 어쩐지 열정의 소식만 전할 것 같은 기분이 드는군요. 보란 듯이 당당한 발걸음으로 역에 들어섰습니다. 기차의 검은 연기에 더러워질까봐 슬쩍 역장실 앞에 세워두고 가슴에 편지를 안고 빨리빨리 걸어갔습니다. 기차 화물칸 옆으로 붙은 빨간색 우체통 뚜껑을 열고 두 손으로 조심스럽게 편지를 넣었습니다.

나의 생명

늦은 예배를 갔습니다. 교회는 아침예배 때와는 달리 적당히 꽉 차 답답하지(?) 않게 예배를 드렸습니다.

목사님 첫 말씀이,

"아이들을 기르면서 잠시라도 잃어버린 경험들이 있지요?"

였습니다. 애가 타고 정신이 혼몽한 상태, 죽음과 같은 숨막힘을 여러 가지 예로 말씀하셨습니다.

나도 막내를 남산공원에서 한 번 잃어버린 경험이 있습니다.

아직까지 그때처럼 그렇게 느리게 가는 시간을 경험한 적은 없습니다.

좋아하는 배우 니콜 키드먼이 나오는 영화 <레빗 홀>에서 젊은 부부가 4 살 된 아들을 교통사고로 잃습니다.

집 앞에서 개는 다람쥐를 쫓아가고, 아들 데니스는 개를 쫓아가다가 그만 사고가 난 것입니다. 데니스 또래 아이들이 있는 친구들과는 교제가 단절되고, 부부는 아이를 잃은 사람들 모임에 나가 치유를 받으려고 노력하지만 아무 소용도 없습니다.

남편은 휴대폰으로 찍은 아이의 동영상을 매일 들여다봅니다. 사고의 원인을 제공한 개는 친정집에 보내고 장난감을 상자에 넣어 지하실에 내려 보내고 집을 내놓아도 소용없습니다.

아들을 먼저 저 세상에 보낸 친정 엄마가 견딜 만한(?) 세월이 가니 커다란 바위였던 것이 작은 돌멩이가 되어 주머니에 꼬옥 넣고 살게 되더라고, 그래서 죽음에까지 가는 것이라고 이야기합니다.

중학교 때 무릎에 물이 차는 병이 생겨 자리에 누웠던 적이 있습니다. 창호지 문을 열면 툇마루가 있는데 동네 아주머니가 찾아와 눈물을 흘리며 어린 딸을 잃어버린 이야기를 하시는 걸 들었습니다.

밥을 먹을 수도 잠을 잘 수도 없어 대한민국 방방곡곡 고아원은 다 가보았다 합니다. 서너 달에 걸려 한 바퀴를 돌고 오면 혹시나 그동안 들어와 있지 않나 또 돌고 오고, 그렇게 팔 년의 세월이 지났다 합니다.

우리 엄마는 엄마의 마음으로 듣고 같이 한숨 쉬며 울음 섞인 목소리로 위로를 합니다.

천장을 보고 누운 나는 그 빛바랜 무늬가 어느 소녀의 얼굴로 보입니다.

얼마나 무서웠을까.
얼마나 엄마가 보고 싶었을까.
내 눈엔 자꾸 눈물이 났습니다.
그 어린것, 누군가 도와주어 살았다면 할머니가 되었겠군요.

학교 갔다 오는 길에 가끔 집 앞에서 예의 그 툇마루에서 우시는 아주머니와 마주쳤습니다.

그분이 왔다가는 날에는 우리 집 둥근 밥상에서 항상 그 이야기가 화제가 되고 우리의 가난한 밥상은 멀리멀리 날아가 버렸습니다.

영화 <레빗 홀>로 돌아가서 엄마는 아들을 차로 친 고등학생을 만나서 대화를 하며 치유를 받기 시작합니다.

그 학생은 '레빗 홀'이란 만화를 그립니다.

부부는 결심을 합니다.

개를 데리고 오고 정원에서 바비큐 파티를 하기로 합니다.

사고 후 만나지 않던 친구들, 식구들을 모두 초청해 서로 안부를 물으며 아무렇지 않게 지내는 것입니다.

그리고 누군가 데니스 이야기를 꺼내면 그냥 지낼 만하다고 그들을 안심(?)시킵니다.

부부는 평생 보고 싶지 않은 사고를 낸 학생을 용서함으로써 마음의 안정을 얻는 것 같았습니다.

오늘은 이상한 날입니다. 제일 기피하는 이야기를 두 번씩 듣고 보게 되었습니다.

TV에서 아이를 어떻게 했다 하면 귀를 막고 채널을 서둘러 돌리는 것, 좀 유별나지만 어쩌다 보게 되면 그 마음이 너무도 오래 갑니다.

듣기만 해도 이리 힘드니 당사자들은 오죽하겠어요. 다 컸어도 아이는 아이겠죠.

오늘도 무사히, 그저 건강하게 무사하게만 해주세요.

여름방학 때인 것 같습니다.

엄마 심부름으로 청참외를 들고 들어오는데 참으로 오랜만에 그 아주머니가 툇마루에 앉아 있었습니다.

웃음기 없는 얼굴, 생기 없는 눈빛, 입술에 립스틱도 없습니다.

엄마가,

"얘, 아주머니 아이 찾았단다"

하십니다.

놀란 나는 더 이상 말이 안 나와 부엌으로 들어가 흥분에 덜덜 떨며 참외를 깎았습니다.

아주머니는 분홍색 립스틱을 항상 발랐었습니다.

엄마 말로는 아이를 별안간에 만날 때 그때 그 모습을 보여주기 위해서랍니다. 그때 아주머니는 쫓기듯 나무대문을 무겁게 밀고 가셨습니다. 그리고 이사 후 지금까지 소식을 모릅니다.

혹시 몇십 년 전 그 아주머니가 주위 사람들에게 찾았다고 안심시키고 세상에서 사라진 것 아닐지, 며칠간 또 가슴앓이를 해야겠네요.

산다는 것은 곡예

하늘의 모형을 딴 높은 천장에서 오색의 물이 쏟아집니다. 단원들이 공중에서 유연하면서도 힘차게 다이빙을 합니다. 거센 물소리와 음악 소리가 한데 어우러져 천둥번개 치듯 요란합니다. 화려한 조명을 받은 물은 폭풍에 몰리는 커다란 빨랫감같이 철썩철썩 숨이 찹니다. 소도구들이 원형의 무대를 혼란스럽게 하며 집채만 한 꽃들이 피었다 지었다 합니다.

원형 경기장 같은 무대가 객석이기도 한 독특한 설계의 극장, 사방에서 쇼맨, 쇼걸들이 나옵니다. 관객들 바로 옆에 서서 자기가 출연할 숫자를 집중해서 세고 있습니다. 한 치의 오차도 없어야 되겠죠. 오직 집중하고 서 있는 그들의 발을 보았습니다. 물속의 곡예니 물론 맨발입니다. 벌겋게 부르터 보입니다. 손뼉을 치며 환성을 지르는 객석을 생각하며 손발을 얼마나 혹사시켰겠습니까.

우리 모두의 삶을 온몸으로 보여주는 그들의 삶.

인생이 곡예인 줄을 알기에 첨단의 최신 장비를 어마어마하게 진열해놓고 쇼를 해도 허전하고 슬프긴 매한가지입니다. 최신 장비는커녕 낡은 천막 쳐놓고 가는 줄 위로 굴렁쇠도 굴리고 자전거를 타고 올라가 시커먼 줄을 붙잡고 그네를 바꾸어 탔던 옛날 유랑극단. 객석은 외로운 알전등 아래, 바닥은 모래 위에 거적때기가 놓여 있었죠. 물쇼가

끝난 뒤에 스텝들이 나와서 그 옛날처럼 고개 숙여 절을 하는 것이 아니라 가볍게 손을 흔들며 사라졌습니다. 사람들이 썰물같이 밀려나갔습니다. 미련 없이 빨리빨리 나가는 사람들 틈을 따라 나가다가 무엇을 잃어버린 것같이 다시 극장 안으로 들어갔습니다. 조명이 꺼진 헐벗은 삭막한 무대, 생명을 지켜주었던 늘어진 가련한 선들, 조명발 없는 푸석푸석한 종이꽃들, 공중에 매달려 어쩔 줄 모르는 불안한 의자들. 물거품 없어지니 그저 색 없는 물뿐이었습니다. 조명, 그 빛이 없어지니 그들이 온 힘을 다해 붙잡았던 그 무수한 줄과 천사들만 탈 것 같았던 의자들은 무심히 공중에 매달려 있었습니다.

그들은 오늘도 어김없이 치솟는 물속을 헤매며 곡예를 할 것입니다. 그 이름도 화려한 라스베이거스에서 몽환적인 샤갈의 곡예 같은 그림과 피카소가 '장밋빛 시대'에서 등장시켰던 곡예사 가족, 그리고 아폴리네르의 시가 머릿속을 떠나지 않았습니다.

길 떠나는 어릿광대들,

밭둑을 따라 저 먼 들판으로 사라져간다.

성당도 없는 작은 마을 빛바랜 여인숙 문 앞을 지나 아이들은 앞서 가고 생각에 잠긴 어른들,

그 뒤를 따르는데 체념한 듯 고개를 떨군 과일나무들이 멀리서 이들에게 손짓을 한다.

울룩불룩한 짐 모퉁이에 북과 반짝이는 금빛 굴렁쇠 곰과 원숭이처럼 순한 짐승들, 길에서 한 푼씩 돈을 모은다.

피카소도 유랑극단을 볼 때는 손에 땀을 쥐고 환호하며 보았겠죠. 그러나 화실에서 그 장면을 그릴 때는 그의 붓은 아프고 슬프고 외로웠던 것입니다. 마술 같은 화려한 불빛 속의 쇼 같은 인생, 그림에 그네들의 슬픔과 애틋한 마음이 보이겠죠.

도박장 이야기를 안 했군요. 이번만은 '혹시나' 했는데 이번에도 '역시나'가 된다는 이야기가 있죠. 혹시나 씨들께서 푼푼이 낸 돈들이 운 좋은 엉뚱한 혹시나 씨에게 한꺼번에 갑니다. 기가 막힌 나눔의 전시장이 아닙니까. 찰나적으로 행운이 오고 그리고 갑니다. 그들은 밤새워 손으로 수없이 곡예를 합니다. 수많은 돈이 아찔하고 아찔한 곡예를 합니다. 토르륵 아니면 좌르륵 하는 기계 속의 동그라미는 숫자에

혹사당하고 사이좋게 모여 앉은 곡예사들은 납작하고 동그란 것이 동글동글 굴러가고 넘어가는 곡예에 마술을 겁니다.

돌아오는 비행기 안에서 안내방송이 흐릅니다.

"기류 관계로 비행기가 흔들리니 자리에 앉아 벨트를 꼭 매십시오."

붉은 등이 들어옵니다. 먹구름과 폭풍 속에서 비행기가 힘겹게 곡예를 합니다. 나도 곡예사입니다.

거대한 지구를 무대 삼아 우리도 곡예를 합니다. 한 고개 한 고개 아슬아슬 넘어갑니다. 쓰러질 듯 아슬아슬한 촛불 칠십 개가 가득하군요. 변형된 쭈글쭈글해진 손가락과 돌처럼 딱딱한 발바닥을 눌러봅니다.

코, 코, 코

서로 얼굴을 바라보며 다 같이 검지손가락으로 코를 찍어가며 '코코코' 하다가 술래가 귀를 만지며 '입!' 합니다. 그러면 코코코 하던 친구들이 '입!'이라고 하는데도 술래 따라 귀에다 손을 갖다댑니다. 손짓발짓해가며 온몸으로 소리 높여 웃던 때가 엊그제 같습니다. 소리와 형태를 분간해보려고 거울을 보며 혼자 '코코코' 해봅니다. 누가 상대를 해줄까요. 거울 속의 나. 콧등을 계속 찌르고 있는 손은 갈 곳이 없습니다. 혼자 좀 부끄럽네요. '코코코' 그곳은 아침인가요?

안 가본 길, 갈 수 있을까

계절을 다시 맞이하듯이 보았던 책도 영화도 다시 보게 됩니다. 그러면 더욱 좋아집니다. 서성거리다 밀레의 명화집 ≪달빛 아래 농가의 뜰≫을 또 봅니다. 하늘도 하얀 달빛도 고요합니다. 낮에 열심히 일하던 농기구들도 조용합니다. 옛날 우리나라에도 있던 싸리문이 힘없이 그냥 서 있습니다. 이 그림을 처음 봤을 때는 그냥 마음이 시렸습니다. 다음에 볼 때는 하얀 달님과 싸리문이 내 마음을 깊은 곳으로 데려갔습니다. 이제 보니 강아지가 있군요. 홀로 무언가를 기다리는 강아지는 자유롭습니다. 싸리문에 쑥 머리를 내밀고 안 가본 길도 갈 수 있습니다.

새벽 3시가 지나갑니다. 벌떡 일어나 창문을 열어봅니다. 하얀 달님도 싸리문도 없습니다. 불 꺼진 아파트 창문만 보입니다. 아! 가로등이 있군요.

마술

이곳에 온 지도 한 달이 다 되어가는군요. 전화는 두어 번 했어도 속에 가라앉은 이야기는 편지가 나은 것 같군요.

요 며칠 기침감기가 심해 집에서 앉았다 누웠다. 생강차에 꿀물을 타서 먹곤 했습니다. 딸아이가 심심한데 옛날 영화나 보라면서 옛날 영화를 틀어주었습니다. 이왕 못 알아듣는 외국어일 바에야 화면 속의 그때 그 시절 앤티크 구경이나 하라는 겁니다. 딸도 내 취향을 아니까요. 제임스 스튜어트와 킴 노박이 나오는 영화였습니다. 킴 노박은 마술사입니다. 여자가 마술을 걸어 남자로 하여금 자신을 사랑하게 만들고 남자는 마술에서 깨어나려고 몹시 애쓰고, 깨어난 후에는 내가 왜 그랬지? 내가 나를 생각해도 이상하다는 그 얼떨떨한 표정이 참 좋았습니다. 1930년 뉴욕에 눈 내리는 장면, 거리의 불빛, 그들의 옷들, 목도리, 여인들의 장신구. 그때의 눈이나 지금의 눈은 같을 텐데 다르게 보이는 것은 시간과 환경 탓이겠죠. 눈송이들이 펑펑 쏟아지는 밤거리는 환상 속의 눈나라 같았습니다.

인생의 가장 어려운 시험은 선택이라는데 여기에도 마술이 끼어들겠죠? 마술, 이름 그대로 '속인다'는 뜻입니다. 내가 나에게 마술을 걸어 현실을 도피하고픈 마음도 있고, 상대방의 마술에 내 생각을 맡길 때도 있습니다. 우리는 일평생, 아니 하루에도 몇 번씩 마술에 걸려

잘못을 저지릅니다. 이러면 안 되는데 하면서 '한 번만, 이번 한 번만' 하면서 나에게 마술을 겁니다. 우리에게 따뜻한 마음, 기쁜 마음, 즐거운 마음 다 지나서 꿈을, 희망을 주는 작품, 마술 같은 작품을 하고 싶습니다. 영원히 풀리지 않는 답은 어디에 있을까요?

푸른색의 작은 크리스마스트리가 수놓인 빨강 식탁보를 하나 샀습니다. 모닝커피를 마실 때 써보세요. 기분이 달라질 것입니다. 내가 나를 즐겁게 하며 살도록 노력합니다. 마술은 아닙니다. 언젠가는 깨어날 테니까요. 끝까지 노력입니다.

누군가의 삶을, 시간을, 마음을 건드렸다면 그것은 마술이 아닌 예술입니다. 위로를 주었고 힘을 주었고 깨달음을 주었고, 즐거움을 슬픔을 그래서 고통을 치유받았다면 예술입니다. 내 입맛이 그것으로 생기를 얻었다면 그 음식이 예술입니다.

여배우 킴 노박이 TV <흘러간 스타> 프로에 출연했다는데 몸이 뚱뚱해졌고 시골에서 농장을 하면서 그림을 그린다더군요. 그림이 좋더라고 딸이 말하던데 마술 아니겠죠? 마술일까요?

더욱 부러워진 것

샌프란시스코에 있는 <de Young> 뮤지엄에서 데이비드 호크니(David Hockney)의 회고전을 보았습니다. 올해 78세라는데 그 큰 미술관 여러 개 커다란 방에 그림들이 가득했습니다. 그리고 전시한 그림의 대부분을 올봄부터 미국 요세미티 공원에 머물면서 그린 거라고 하더군요. 그 거대한 스케일이 놀라웠습니다. 입장료가 70불이라는데 시니어 할인이라서 30불쯤 주고 두 번을 가보았습니다. 첫 번째는 잔뜩 흥분해서 큰딸에게 내 마음 내키는 대로 엉터리 설명을 해주면서 봤고, 두 번째는 미술사를 전공한 작은 딸하고 아무 말 안 하고 앞서가며 서서히 돌았습니다.

나는 조각가로 살면서 조각책보다는 건축책을 많이 보았습니다. 건축책을 보다가 만난 화가가 에드워드 호퍼입니다. 샤갈의 그림은 꿈속을 헤매는 깨어나기 싫은 초자연적인 힘이 있습니다. 르네 마그리트 그림은 볼 때마다 그 기발함에 감탄합니다. 조지 시걸(G. SEGAL)은 엽서에 있는 작품을 보고 홀딱 반해서 대학원 논문으로도 썼습니다. 그 시절 책을 구할 수가 없어서 미국문화원에서 어렵사리 20여 페이지의 간단한 팸플릿을 구했습니다. 그야말로 밤을 하얗게 새우며 내 마음대로 논문을 만들었습니다. 작가가 내 논문을 읽는다면 기절하겠네 하면서도 절대 그럴 기회는 없으니 안심했습니다. 2년 후 미국

에서 조지 시걸의 두툼한 전집을 만났습니다. 가슴에 안으니 벼락부자가 된 듯 기쁘고 설렜습니다. 어렵게 읽어보니 내가 쓴 논문이 크게 틀린 것은 아니란 걸 알고 작가에게 미안한 마음을 조금 접을 수 있었습니다. 미술관에서 조지 시걸의 진짜 작품을 관리인 모르게 슬쩍슬쩍 만져보며 감격스러워 했습니다.

누군가 나에게 예술가의 기둥은 뭘까? 물었다면 조지 시걸의 현대인들의 고독의 기둥, 샤갈의 시 같은 기둥, 호퍼의 형이상학 노래의 기둥, 르네 마그리트의 가시화된 사유의 기둥, 내면의 감정과 정서의 기둥까지 네 개의 기둥이라 말하겠습니다. 네 개의 기둥은 정사각형이 되었습니다. 내 손에 들고 매일 들여다봅니다. 꽉 찬 사각변의 틀 어디를 보아도 내가 들어갈 자리는 없습니다. 그냥 내 얼굴이 들어갔다 나왔다 하게 크게도 만들어보고, 주먹을 꼭 쥐고 쑥 넣었다 뺐다 했습니다.

에드워드 호퍼는 80세 생일을 맞이하고 2개월 후에 워싱턴스퀘어에 있는 화실에서 세상을 떠났다 합니다. 부인 조는 호퍼의 임종을 이렇게 회고했습니다.

"임종의 순간 호퍼는 집의 작업실에 있는 커다란 소파에 앉아 있었다. 그가 세상을 떠나는데 단지 1분이면 충분했다. 그는 고통도 소란도 없이 떠나갔다. 그는 나를 기다려주지 않았다."

부럽지 않으세요? 가는 것까지 걸작입니다. 떠나는 것만은 걸작을 만들고 싶은 마음이 간절합니다.

공부하는 삶

책방을 아래위로 어슬렁댑니다. 이럴 때면 속으로 조용히 기도를 합니다. 그러나 이내 흥분하고 시간이 흘렀다 싶으면 초조해집니다. 못 만나면 어쩌나. 안경을 벗었다 다시 썼다 하는데 황금색 표지에 깃털 모양이 간결하게 그려진 ≪공부하는 삶≫이란 책이 눈에 띄었습니다. 두툼한 두께입니다.

'고독은 활력을 불어넣지만 고립은 우리를 무기력하고 메마르게 만든다.'

'지구의 격변 속에 심장이 고동치고 숨이 가쁜 세기에 나는 무엇을 해야 하나.'

'무한한 존재와 무한한 시간에 둘러싸인 공부는 참으로 영원성에 대한 공부가 된다.'

'과식은 독이다. 살아 있는 도서관, 걸어 다니는 사전이라 불리는 것에 조심해라.'

후딱후딱 페이지를 넘기며 본 구절입니다.

어느 책이든 겉장을 넘기면 면지가 있는 공간이 나옵니다. '삶이란 끝없는 공부라는 것! 너무 늦게 늦은 줄 알지만 자라나는 잎사귀같이 크게 자라고 싶다'라고 쓴 뒤에 날짜와 내 이름을 썼습니다. 책상 위 제일 좋은 자리에 놓고 보자 했지만 미루고 미뤄 그 사이 미국을 두

번이나 다녀왔습니다.

손녀딸 단비에게 "할머니가 공부해야 할 책이니 예쁜 그림을 기념으로 그려줄래?" 부탁했더니 꽃밭 위에 분홍색의 작은 꽃을 향하여 커다란 호랑나비가 날아오는 그림을 그린 다음 사랑의 풍선이 떠다니는 사인도 해주었습니다. 싸 들고 인천공항에 닿았습니다. 그리곤 이번에 갈 때 가서 봐야지 하며 가방에 다시 넣었습니다. 손녀딸 단비가 짐가방 구경을 하다가 나오는 책을 보더니 "할머니 공부책이지? 다 안 읽었어? 할머니 공부 싫어? 나도 좀 그렇기는 해" 합니다.

"할머니 나 여기다 그림 또 그려도 돼?"

"그럼 고맙지. 단비 생각하며 이번에는 꼭 읽을게."

빨간색 사인펜으로 'STUDY LIFE'를 대문자로 소문자로 빼곡히 쓰더니 알전구 하나를 크게 그립니다. 유난히 밝은 알전구. ≪공부하는 삶≫ 383페이지입니다. 1년이 365일 하루에 한 페이지 좀 넘게 읽으면 내 공부는 끝이 날까요?

앤티크숍에서

외국 여행을 가면 앤티크숍에 가는 것이 크나큰 기쁨이요 취미입니다. 단골가게도 서너 군데 있습니다. 이야기가 거창하게 나오는데 보물(?) 같은 앤티크가 아니라 서민들이 실생활에 쓰던 소소한 집기들입니다. 오래 된 고물은 오랜 시간을 견디어온 생명력이 있습니다. 어느 주인의 세심한 배려와 관심으로 백여 년을 견디어온 것만으로도 귀중합니다. 돌아가신 어머니가 여학교에 다니실 때 영어와 성경을 가르치셨던 선교사님 집에 놀러갔는데 그랜드 피아노 위에 사기요강이 올라앉아 있더랍니다. 그 속에서 아무렇지도 않게 과자를 꺼내 학생들에게 나눠주셨던 선교사님이 미국으로 돌아가실 때 그것을 가지고 가셨고 그의 후손들이 아직 갖고 있다면 족히 백여 년이 되는 골동이겠죠. 어찌 귀하지 않을까요.

앞서가는 나라에 가서 앞으로 어떤 것이 나올 것인지를 생각지 않고 이미 그 누가 지나간 자리, 흔적들, 삶에 대한 다른 관점을 보려고 합니다. 어느 가게를 들어가든 요즈음 어디서도 맡을 수 없는 세월이 켜켜이 쌓인 묵은 냄새가 있습니다.

오래된 램프, 다리미, 재봉틀, 부엌에서 쓰던 국자, 찻잔 주전자, 쟁반, 쓰레기통, 편지함, 빨래판, 비눗갑… 최신 장비도 없었을 텐데 어쩜 이렇게 작고 섬세할까. 액자 속에는 가족사진, 결혼사진, 학교 졸

업사진도 있습니다. 덕분에 그때의 사생활을 샅샅이 볼 수 있습니다. 이미 죽고 없을 그들의 얼굴을 보면서 어떤 인생을 살다 갔을까 생각해보다 쓸쓸해지기도 합니다. 무척이나 다양하고 재미있는 시간여행에 내 기분은 업되었다가 다운되었다가 합니다.

녹이 슨 수도꼭지 위에 새가 노래하듯 앉아 있고, 그 아래로 작은 주먹이 들어갈 수 있는 둥근 모양의 물건에 시선이 멈추었습니다. 손녀딸 단비를 카운터로 밀어붙였더니 긴장된 얼굴로 대신 질문을 해줍니다.

"할머니, 커튼걸이래."

세트인데 20불이 넘기에 하나만 사도 되냐고 손짓하니 된답니다. 꽤 묵직합니다. 내가 소설가라면 행복한 단편 하나는 쓸 수 있을 텐데… 현재도 미래도 아닌 지난 사람들의 흔적에서 영감을 얻으려 하니 참 아이러니하죠.

앙증맞은 아가 의자와 책상, 브로치, 경대에 붙은 거울에 내 얼굴을 슬쩍 비춰보며 돌아서는데 커다란 붓이 크기대로 죽- 벽에 걸려 있습니다. 전체적으로는 검정색인데 가만히 들여다보니 여러 색깔입니다. 눈이 아프도록 들여다보면서 누굴까, 이 붓으로 어떤 그림을 그렸을까, 분명 화가의 붓일 텐데 왜 여기까지 왔을까, 귀한 그림을 그렸으면 박물관, 미술관에나 있었을 붓일 텐데 생각하니 서글픔이 서서히 일어납니다. 그래도 쓰레기통에 버려지지 않고 여기까지 온 것은 소장했던 분의 애틋한 마음 때문이겠죠.

내 작업실의 작업도구들이 마구잡이로 떠오릅니다. 오래되어 땜질을 한 조각도는 늙으면 사람도 허리가 휘듯이 옆으로 비스듬히 휘었

습니다. 조각가의 도구들은 흉기나 마찬가지입니다. 고무망치, 쇠망치, 톱, 끌, 철사, 절단기, 철근, 용접기, 압축기, 접착제, 본드, 크기대로의 붓, 사포 등 석고를 뜰 때 흙을 파내던 도구들은 처음의 모습이 온데간데없습니다. 심지어 놋숟갈같이 생겼던 것이 포크 모양으로 변한 것도 있습니다. 그야말로 버리면 엿장사도 사양할 도구입니다.

나 떠나면 내 작품들은 어쩌나 그 생각만 했는데 내 손에서 제 몸 형태 없이 부서져가며 고생한 그것들은 생각도 하지 못했습니다. 그래도 작품들은 버젓이 화랑에 놓여 사람들의 시선을 받고 팸플릿에 찍히고 바깥 구경하며 호강이나 했지, 눅눅한 먼지투성이 흙더미 속에서 햇빛 한번 못 쏘이고 녹이 슬어간 참으로 불쌍한 도구들입니다. 평생을 의지하고 살았는데 어디로 보낼 것인가, 나 떠나기 전에 무덤 하나 만들어야 되나… 하는데 딸아이가 "엄마! 그 시커먼 붓 앞에서 뭐해요? 먼지 천지인데. 여기 엄마가 좋아하는 옛날 기차 있어요. 빨리 와요" 합니다. 눈에 맺힌 물방울에 사물들이 굴절되어 보입니다. 아, 불쌍한 것들! 주인 잘 만났으면 어느 박물관, 미술관 유리장 안에 있었을 텐데….

밤, 깜깜함과 홀로

TV에서 깜깜하지 않은 밤 때문에 생태계에 문제가 많다고 합니다. 고층빌딩의 화려한 불빛, 골목마다의 가로등, 24시 편의점, 낮과 다름없이 장사하는 상점들.

며칠 전 정약용의 ≪한밤중에 잠깨어≫를 읽었는데 한밤중이 얼마나 깜깜한지 그 정도를 잘 모르겠더군요. 초등학교 시절에는 밤 12시면 검은 솜옷을 눈사람같이 두툼하게 입고 두 손에 빨래방망이 모양의 막대기인 딱따기 2개를 들고 딱딱 소리를 내며 지나가는 사람이 있었습니다. 그러면 어른들은 오밤중이라고 하시고 온 동네는 쥐 죽

은 듯 조용해졌습니다.

가늠하지 못했던 '한밤중, 오밤중, 칠흑같이 깜깜한 밤'을 서울을 떠나는 비행기 안에서 보았습니다. 세 사람이 앉는 창가 쪽이었는데 마침 비었길래 멀미약을 먹고 쪼그리고 누웠습니다. 얼마나 지났을까 깨어보니 비행기 안이 어두컴컴합니다. 식사를 끝내고 자는 시간입니다. 뒤치락거리다 윈도우쉐이드를 밀어보았습니다.

그때 밤을 보았습니다. 어쩜 그리도 깜깜한지 놀라웠습니다. 그리고 비행기 날개의 헐떡거림을 들었습니다. 갈라진 날갯죽지 가운데 크리스마스 때 켜는 작은 전구 같은 것이 앞뒤로 달려 이 깜깜한 속에 혼자 헐떡헐떡하고 있었습니다. 깜깜함과 홀로라는 것, 혼자라는 단어를 알았습니다. 저 헐떡거림의 날갯짓을 얼마나 하면 샌프란시스코에 도착할 수 있을까요. 주체할 수 없는 내 감정에 한참 동안 눈물을 흘리다 어느 결에 잠이 들었습니다.

샌프란시스코 특유의 맑은 하늘의 찬란한 아침 햇빛을 듬뿍 받은 비행기를 쳐다봅니다. 양쪽 날개를 쫙 펴고 있는 은빛 날개는 믿음직스럽고 용감해 보입니다. 순간 그 힘찬 날개 따라 날고 싶었습니다.

나의 장난감

유난히 동그란 눈동자의 빨간 금붕어 세 마리를 손에 들었습니다. 길이가 4센티미터 조금 못 되고 몸통이 비닐과 더불어 빨간색이고 눈, 꼬리, 지느러미만 까만색입니다. 몇 년을 나하고 그냥 쳐다보며 지냈습니다. 16회 개인전에 금붕어를 출연시키기로 결정하고 어항을 만들었는데 지름은 10센티미터쯤 되고 테두리는 여인들 머리처럼 구불구불하게 만들어 짙은 바다색을 칠했습니다. 투명 폴리로 만들었으니 시원한 물을 넣고 금붕어를 넣으니 바다색과 더불어 여간 예쁘지가 않았습니다. 나무로 빨간색의 의자를 만들고 어항을 올려놓았더니 심심한 듯해서 대지인 여인상을 만들어 둘이 잘 지내기를 바라면서 어항 앞에 놓았습니다.

그런데 전시 오픈 다음 날 화랑에서 전화가 왔습니다.

"선생님, 금붕어 없어졌어요. 열심히 지켰는데…."

여직원이 울먹입니다.

"괜찮아요. 또 있어요."

했습니다. 이런 식으로 두 마리가 없어졌습니다. 관람객들의 무지한 사랑에 두 마리의 금붕어는 어디에 가서 무엇을 할까, 생각하면 정말 이지 안타깝습니다. 지금은 한 마리만 남아 나와 동고동락하는데 거실에 있는 어항의 겉과 속을 깨끗이 닦아주고 차가운 물 넣어주고 금붕어도 목욕시켜 주었습니다. '밤새 재밌게 놀아라' 하면서 자그마한 초록색의 가로등을 가까이 놓아주었습니다. 금붕어는 물속 이야기에, 가로등은 늦은 밤 지나가는 사람들의 이야기에 밤을 샐 것 같습니다.

영화 <만무방>에서는 보이는 것은 쌓인 눈과 매서운 바람뿐인 두메 산골에 전쟁으로 가족을 잃은 여인이 낮에는 태극기, 밤에는 인공기를 내걸며 위태롭게 살아갑니다. 때에 따라 이 깃발, 저 깃발 꽂으며 그 가난한 삶을 그래도 살아보겠다는 여인의 신념(?)은 시간이 지나도 잊히지 않았습니다.

내 딴에는 열심히 전시회를 준비합니다. 그리고 작아지고 비참해진 나를 발견합니다. 그때마다 내 안의 변명은 몇십 년이 지나도 똑같습니다. 토씨 하나 틀리지 않습니다.

"난 가정주부야. 그러니깐 프로같이 할 수 없지. 작품? 괜찮아. 그냥 취미일 뿐이니까."

스스로를 달래며 위로합니다. 식구들 잘 먹이고 적금도 여러 개 붓고 여러 차례 아파트를 사고팔고 월급생활 하는 남편 내조도 잘하는 친구들, 차지게 살림 잘하는 친구들의 얼굴과 말씨에는 자신감이 넘쳐납니다. 세상 무서울 것이 없는 그 표정을 보며 속으로 속삭입니다.

"난 작가야. 시간이 없어. 작품 생각에 다른 생각할 수가 없어. 작품, 작품 생각만 하자."

또 스스로를 달래며 위로합니다. 사는 동안 엉거주춤 깃발 하나 자신 있게 하늘 높이 휘두르지 못한 것입니다.

안개 바람이 몹시 불던 날 바닷가, 우뚝하니 서 있는 가게로 들어갔습니다. 얼마 만인지, 옛날 자주 듣던 노래 '자니 기타'가 흐릅니다. 둘

러보니 앤티크 스피커에서 흘러나옵니다. 나의 눈은 아련한 과거 속을 헤매며 짙은 회색의 안개에 한 편의 그림이 그려집니다.

기차를 보고 있습니다. 황금색, 은회색의 작은 기차들, 검은색의 화물칸만 이어진 기차 창문으로 희미하게 기관사가 앉아 있는 모습이 보입니다. 빨간 버튼을 누르면 '나 도착해요' 하는 기적 소리도 들립니다. 노란 바퀴가 달린 머리와 꽁지는 파랗고 나머지 칸들은 녹색, 주황색, 분홍색의 기차 칸 속에는 동물들이 탔습니다. 호랑이, 코끼리, 기린들을 어디로 데려가는 것일까요. 살던 곳을 떠나 어디로 갈까요. 시설 좋은 동물원에 가서 어린아이들의 친구가 되어 즐겁게 지내기를 바랍니다.

고드름으로 굵고 길게 크리스마스 장식을 한 듯한 추운 기차도 보입니다. 눈이 아름다운 매력적인 얼굴의 여인도 기적 소리와 함께 검은 연기 속에서 보이다 말다 합니다. 검은 기차의 선로처럼 평행선일 수밖에 없는 곳에 자신을 내려놓아버린 안나 카레리나입니다. 사랑? 사랑을 꽉 움켜쥐니 남은 건 자기 자신뿐입니다. 분홍색의 기차는 옛날 귀족들의 마차 모양입니다. 분홍색의 슈즈가 춤을 춥니다. 밤이고 낮이고 마법에 걸린 양, 그 죽음 같은 열정으로 달려오는 기차에 춤을 추듯 뛰어들고 맙니다.

겨울밤

계절 중 겨울이 좋고 밤이 편합니다.

꽝꽝 언 추운 겨울밤이 좋습니다.

창문 옆으로 커튼을 조금만 젖혀도 강한 바람이 소리치며 불어닥치는 밤, 주머니 속같이 아늑한 내 방이 나를 책임져주는 기쁨에 용기가 생깁니다.

뭔가 할 수 있다는 힘에 이끌려 마음과 머리와 손이 바빠집니다.

망망한 바다 위에 눈사람을 만듭니다.

친근하고 재미있는 동화 속 눈사람이 아닙니다.

오늘 하루 힘들었던 것들, 이따금 나를 괴롭혔던 것들, 언제 끝날지 모르는 가슴앓이를 모두 뭉쳤습니다.

금세 집채만 한 커다란 덩어리가 되면 빠른 파도에 떠나보냅니다.

하나하나 정성스럽게 만든 작은 덩어리들은 힘껏 수평선 쪽으로 던져버립니다.

불쑥불쑥 일어서는 분노를 손바닥으로 아프게 때리며 만들고 바다에 꾹꾹 눌러 밀어넣습니다.

열정이 아닌 욕망이 허황된 망상이 덮치면 네 발 달린 붉은 눈의 사람을 만들어 코앞에 둡니다.

어느새 잠이 들었습니다.

낮의 흔적을 차근차근 따진 후에 바다로 보내버리니 한층 너그러워진 나를 발견합니다.

울타리, 담, 벽

울타리가 좋다. 소나무를 대강 잘라 큰 키 작은 키 관계없이 죽 세워두고 거칠게 대패질을 하다 말았다. 군데군데 원형으로 구멍이 나 있어 공기가 왔다 갔다 하는 송진 냄새 향긋한 투박한 나무판들. 그 안을 상상하며 언뜻 구멍 속으로 보이는 아득한 그곳을 궁금해한다.

담이 좋다. 사이좋게 쌓아올린 여러 모양의 돌들 사이로 파릇파릇 잎이 나오고 꽃도 씩씩하게 피어난다. 벌도 놀러오고 노랑나비 호랑나비도 놀러오는 한가한 돌담. 서로의 얼굴을 보면서 돌들은 웃는다.

벽이 좋다. 거친 모래, 시멘트 듬뿍 섞어서 대강 바른 옛날 솥단지 걸던 부뚜막에 어느 여인의 눈물자국이 얼룩진 채 반질반질 윤이 난다. 그곳에 아침햇살이라도 비추는 날에는 형용할 수 없는 빛의 향연이 벌어진다.

무엇인가에 깊이 빠져 자신을 잊고 몰두하는 것을 벽(壁)이라고 한다. 남들이 뭐라 하든 출세에 보탬이 되든 말든 한길을 파다 보면 새로운 창조물이 나온다. 조선의 실학자 박제가도 '벽이 없는 사람은 쓸모가 없다'는 말을 남겼다. 늦은 오후 작업실에 홀로 앉아 가상의 벽면을 지었다 허물었다 한다. 무저항 인 벽에 기대고 싶다.

일이 있다는 즐거움

마음은 급한데 길이 막히나 봅니다. 멀리 오징어를 든 남자가 보이고 잇대어 뻥튀기 과자봉지들이 보이기도 합니다. 길이 막히는 것을 어찌 아는지 한여름에는 차가운 음료수들을 들고 차창을 두드립니다. 인도 위에 늘어선 손바닥보다 조금 큰 선풍기, 시원한 바람이 쑥쑥 나올 듯한 이상하게 생긴 부채들이 나란히 서 있습니다. 뜨거운 뙤약볕에 얼마나 더 팔릴까요. 안타까운 마음이 듭니다. 가다 보면 가슴에 사연을 적어놓고 구걸하는 사람도 차창 밖으로 바짝 다가서는데 장사하는 사람보다 얼굴이 멀쩡합니다. 장사 밑천이 없어서겠지, 이해하려고 애쓰지만 그리 기분이 좋지 않습니다.

중국 구이린에는 오리와 비슷하게 생긴 가마우지란 새가 있습니다. 한 어부가 가마우지 새 네 마리를 길러 어망 없이 고기를 잡는데, 새의 목을 가는 실로 적당히 묶어놓으면 이 새는 수심 30~40미터까지 내려가 고기를 삼키고 올라와 어부가 입을 벌리면 살아 있는 물고기를 확 토해냅니다. 이렇게 네 마리의 새가 번갈아 잡아오는 물고기를 소쿠리에 가득 담은 뒤 하루 일을 마치고 새들은 주인인 어부와 저녁을 먹고 잠이 듭니다. 주인을 알아보는 새, 주인을 먹여 살리는 새입니다.

일본에서는 가마우지를 잡아 50여 년 가업을 이어오는 집도 있다고 합니다. 한번 잡혀오면 10년, 20년, 30년을 살면서 일생을 같이한다는데 중국의 주름투성이 가난한 어부네 집 네 마리는 오순도순 진짜 식구처럼 사는 것같이 보였고, 중국과는 달리 깨끗하고 넓은 뒷마당에서 키우는 일본의 가마우지는 어쩐지 썰렁해 보이고 사육당하는 것처럼 보였습니다. 호주에는 양이 약 일억 오천만 마리 있고 양치기 개가 오만 마리가 있다고 합니다. 목동에게 길들여진 개 한 마리가 양 삼천 마리를 돌보는 셈입니다. 목장의 개들은 자신이 담당한 양들을 주인이 있는 곳으로 인도하기 전 먼저 주인의 손을 쳐다보는데, 손가락의 움직임에 따라 양들의 속도와 방향을 조절해준다고 합니다. 너무 멀리 떨어져 주인의 손을 볼 수 없을 때는 휘파람 소리에 따라 양들을 움직이게 한답니다. 죽으면 다 썩어질 몸, 이왕 썩어질 것 아껴 뭐할까요. 죽는 그 순간까지 작품을 하면서 묵묵히 보내고 싶습니다.

바다와 파도

스테인드글라스 창을 통해 들어오는 햇빛이 찬란합니다. 날씨가 오랜만에 밝게 개었나 봅니다. 목사님 설교가 한참인데 별안간 넓은 바다에 갈매기가 유유히 날고 멀리 조그마하게 배가 보입니다. 사진작가가 셔터를 누르고 아득히 보일 듯싶은 배를 따라가며 시인은 시상에 잠깁니다. 소설가는 넘실거리는 파도 따라 소설을 쓰고 작곡가는 파도 소리에 높고 낮은 노래를 짓습니다.

바다는 혼자서는 소리를 내지 못합니다. 바람이 화가 나면 바다는 별수 없이 그 분노에 휩싸입니다. 바람의 변덕에 따라 움직일 수밖에 없습니다. 바다는 모든 것을 포용하고 침묵합니다. 씨앗을 뿌리지 않았는데도 싱싱하고 영양가 있는 먹거리도 내어줍니다. 가끔 옹기종기 모여 앉아 바다에서 걷어 올린 물고기 한 마리로 즐겁게 식사하는 어부들을 봅니다. 검게 탄 피부가 그리 정직해 보일 수가 없습니다. 벽 없는 바다를 바라보며 살아서일까요?

나를 즐겁게

은퇴라는 말의 어원인 라틴어 단어의 뜻이 행복과 즐거움이라는 것을 알까요? 오늘 은퇴한 노교수는 마지막 강의에서 받은 꽃다발을 아내의 무덤에 놓습니다.

"훌륭한 선장은 어떤 폭풍에도 끄떡하지 않지. 별의 죽음에 대해 마지막 강의를 했지. 선물도 받았어."

아내에게 검은 말이 두 발로 껑충 뛰어오르는 조각품을 보여줍니다. 친구들은 혼자서 몰래 죽음을 준비하는 노교수를 끌고 강제로 여행을 갑니다. 여행 중에 만난 한 여인이 노교수에게 말합니다.

"난 여행에 빠져 있고 삶의 매순간을 즐깁니다. 그리고 별빛은 별은 거의 흠모하는 수준이죠. 별빛 하늘을 볼 때마다 온몸에 전율이 흐릅니다."

"그 별들 중 대부분은 오래전에 죽은 건 데도요?"

"그래서 환상적이에요. 마치 마술 같잖아요? 수백만 년 전에 출발한 빛이 현재의 밤을 밝혀준다고 생각하면 더 오래 살고 싶어져요. 당신과 나는 우주의 먼지인 것 알아요? 은유적 표현이 아니라 모든 생명체는 우주 먼지예요. 당신 뼈의 칼슘과 수소, 탄소 원자 같은 것이 그렇죠. 우리는 우주의 먼지예요. 더 놀라운 사실도 있죠. 우주에서 눈에 보이는 물질은 고작 5%에 불과하죠."

살다 보면 가장 긴 하루를 만나고, 가장 긴 밤을 만나고, 가장 긴 만남의 시간을 갖게 됩니다. 그리고 최종적으로 가장 긴 고독의 시간을 마주하게 됩니다. 우리는 즐거운 시간을 가지려고 얼마만큼 최선을 다하고 있을까요? 지금 이 외로움을 넘어서기 위해 우리는 무엇을 하고 있습니까?

제2부 작품 이야기

탐정놀이와 작품하기

투박한 나무 좌대 위에 축축한 점토를 올려놓습니다. 감정도 형태도 색깔도 없는 점토 앞에 놓고 탐정놀이를 시작합니다.

단서는 오르골 하나입니다. 예민한 청각을 사용하여 사건을 해결해 나갑니다. 작은 상자의 뚜껑을 열면 음악 소리가 들립니다.

하얀 종이 위에 춤추는 인형들이 가득합니다. 이것은 그림의 반복을 통해 사용하는 가장 오래된 암호입니다. 춤추는 모양이 알파벳으로 풀어집니다. 직접 그린 종이는 없어지고 연필 자국이 남아 있는 밑장의 하얀 종이를 형광소금 용액에 담갔다가 말린 다음 자외선으로 사진을 찍으면 눌린 자국이 용액을 덜 빨아들이기 때문에 프로젝터에 사진을 놓고 불을 켜면 다른 부분보다 훨씬 진하게 보이면서 원본대로 나오게 됩니다. 88개의 피아노 건반 숫자를 생각해내고 세 번째 책장, 책들 뒤에까지 찾아냅니다.

무표정한 흙덩이가 변했습니다. 36개의 건반에서 흐르는 음 하나하나에서 소리가 나옵니다. 암호가 나옵니다. 그리고 암호가 풀려 범인을 알게 됩니다. 나는 오늘의 탐정이고 오르골에서 나오는 아름답고 오묘한 사랑스러운 음악을 듣고 있습니다. 여러분의 귀를 빌려주세요. 호기심과 상상과 궁금증은 하나가 되어 나에게 꿈을 줍니다. 꽁꽁 숨긴 것, 나무뿌리처럼 엉켜 있는 것은 암호를 풀듯이 풀어봅니다.

잘 되지 않습니다. 궁리 끝에 암호를 거꾸로 돌려보니 풀어집니다. 아주 작은 힌트도 소홀하게 넘기지 않고 파고들어갑니다. 범죄장소에서 아무도 안 보는 것을 관심 있게 봅니다. 평범한 것도 비범하게 보고 익숙한 것도 새롭게 봅니다.

탐정 증거물이 기둥이 됩니다. 주위를 살피며 덧붙여갑니다. 뭔가가 떠오르면 그것이 비현실적인데도 쫓아가기 시작합니다. 허구와 현실 속을 잘 헤엄쳐 나가는 것이 작품이 아닐까 생각합니다. 작가는 작가가 보는 세상이 있고 그들의 시선이 가는 곳이 있습니다. 특별한 곳이 아니라 평범한 곳에서 자기 세상을 발견합니다.

아기 나무와 실뜨기

초등학교 시절에는 교실에서 틈만 나면 모두 짝을 이뤄 실뜨기를 했었습니다. 두 줄기의 선이 여러 형태로 나오다가 결국은 다 풀어져 처음 상태인 두 개의 선이 나오면 끝나는 것입니다. 그러니 두 개의 선은 기차의 선처럼 칙칙폭폭 눈물 흘리며 떠나고 종착역에서 기쁨의 눈물을 흘리며 맞이합니다. 삶과 죽음, 슬픔과 기쁨도 모두 짝꿍입니다.

작품에서 대지의 여인은 해님을, 흐르는 구름을, 숲속에서 솔솔 불어오는 바람을, 뻐꾸기를, 부엉이를, 참새 무리를, 하루 일을 무사히 끝마치고 떠나려는 노을을, 그리고 달님을 찾습니다. 찾다 보니 팔이 아픕니다. 더 이상 실뜨기를 붙잡고 있지 못할 정도로 손과 팔이 저리고 떨립니다. 나였구나, 내가 있구나, 그동안 잊어버렸 던 나. 덩그러니 내가 남아 있었습니다.

미스 포터

이야기 첫 줄을 쓸 땐 언제나 목적지를 정하지 못한 여행자처럼 가슴이 떨리고 설렌다는 독신녀 미스 포터는 칠 년째 카드를 그려서 팔고 있습니다.

필통을 열고 연필을 꺼냅니다. 그리고 천천히 연필을 깎습니다. 파란 수채화물감을 붓에 묻혀 스케치북에 천천히 줄을 긋습니다. 깨끗한 컵 투명한 물속에 붓을 넣으니 물이 빠르게 바다색으로 변합니다. 토끼를 그려 예쁜 단추가 달린 조끼를 입힙니다. 그녀의 눈에는 토끼가 조끼를 입고 즐겁게 뛰노는 모습이 보입니다. 개구리를 그리면 개구리가 붓을 잡아끌며 재주를 부립니다. 동물들을 그리며 여러 가지 옷을 해 입히고 모자를 씌우며 엄마, 아빠, 동생이 한 집에서 즐겁게 사는 것을 그립니다. 미스 포터는 늘 자기가 그린 동물들과 이야기를 나눕니다. 약이 오를 정도로 작품들과 친합니다. 농장에 빛이 찬란한 것이 보이기에 정신없이 그리다 보니 돼지 밥통이었습니다. 작가의 눈에는 모든 것이 아름답게 보입니다. 발견입니다.

나는 그 끝없는 힘찬 열정과 재능에 박수를 보내며 한 시 한 편을 들려주고 싶습니다. 시마(詩魔)는 시의 귀신입니다. 어느 순간 시인에

게 시만 생각하고 시만 짓게 합니다. 시마가 한번 붙으면 다른 일에는 하등 관심이 없고 오로지 시에만 몰두하게 됩니다. 시마는 시인에게 즐거운 괴로움을 선사하는 모순적인 존재입니다. 작가라는 이름이 붙은 모든 사람에게 절실하게 필요한 귀신이라 생각합니다.

미스 포터는 결혼 적령기를 훌쩍 넘기고, 또한 여자가 글을 쓰는 것을 기피하던 시절에 동물 그림에 빠져 동화책을 끊임없이 출간했습니다. 다 늦게 결혼을 결심한 남자의 갑작스러운 죽음 앞에서도 더욱 열심히 동물들의 가족사를 재미있게 사랑스럽게 그렸습니다. 동서양이 멀리 떨어져 있었건만 시대적 차이에도 불구하고 미스 포터에게 시마 같은 동물의 귀신이 붙었었나 봅니다. 소리없이 찾아온 따스하고 설레는 봄볕 아래 화구를 펼쳐놓고 개구리에게 모자를 씌우고 넥타이를 매어주는 그녀에게 시마에 의해 썼다는 옛날 시인 이현욱의 시를 한 편 선사합니다.

걸음걸이 느리지도 바쁘지도 않건만
동서남북 온통 모두 봄빛이 가득하다.

항아리는 깨질 때까지 계속 우물로 돌아갑니다

습관이란 참 무섭습니다. 고치기 힘든 습관이 또 발동하여 오늘 읽을 성경책을 쑥 밀어놓고 영화 <르 아브르>를 봤습니다. 조용하고 잔잔해서 과연 파도가 칠까 싶은 마을에 큰 소문 안 나게 사랑을 나누고 나눔을 했다는 것조차 잊으며 인생을 아름답게 사는 사람들의 이야기입니다.

"항아리는 깨질 때까지 계속 우물로 돌아갑니다."

구두닦이 아저씨 마르셀은 일할 때 입는 옷 한 벌, 푸른색의 양복 한 벌, 녹슨 깡통 속의 동전 몇 개와 몇 장의 지폐, 병든 아내, 강아지 한 마리가 전 재산입니다. 그런 그의 앞에 엄마를 찾아 영국으로 밀항하려다 프랑스 북부 노르망디의 항구도시 르 아브르에 불시착한 흑인 소년 이드리사가 나타납니다. 배회하는 형사 모네의 눈을 피해 마르셀이 음식을 바닷가 바위틈에 놓고 오면 이드리사는 물속에 숨어 있다가 목만 내밀어 음식을 먹습니다.

숨겨주는 동네 빵집의 여자, 딸아이 결혼비용을 내놓은 카페의 여자, 채소 수레 아래 이드리사를 감추고 영국으로 떠나는 배까지 이동하는 채소가게 아저씨, 그 뒤를 따르는 형사 모네. 자그마한 동네의 이

야기인데 한 소년을 위해 그처럼 조용하면서 적극적일 수가 없습니다. 뱃전에서 들킨 이드리사를 형사 모네는 힘들어하며 모른 척 그냥 보냅니다. 이드리사의 착함이 그득한 검은 눈동자에서 흐른 눈물을 평생 잊지 못할 것입니다. 동네는 이드리사라는 낯선 소년이 있었나 싶게 다시금 여전히 조용합니다. 마땅히 한 일, 사랑의 힘이 물 흐르듯이 흐르는 마을입니다.

이드리사는 먼저 떠난 엄마를 만나러 할아버지를 따라 프랑스로 밀입국했고, 컨테이너 속에서 형사들에게 잡혔을 때 할아버지를 두고 뛰었습니다. 마르셀이 본국으로 송환되는 할아버지를 이민자 숙소에서 만났을 때 앞일을 묻자 할아버지는 '이드리사가 꼭 엄마를 만날 수 있게 해달라'고 부탁한 후 얼굴은 주름투성이고 이는 빠졌으나, 두 눈을 단호히 똑바로 뜨고 먼 산을 바라보며 "항아리는 깨질 때까지 계속 우물로 돌아갑니다"라고 말합니다.

마르셀이 물속에 숨어 있는 이드리사에게 음식을 전하는 바위틈새, 그곳에 마르셀의 마음을 기념하기 위한 작품 '평화의 소식'을 놓고 싶습니다.

반지

너와 나의 영원한 약속이다.
검은 머리 파뿌리 되도록….
반지는 둥글게 둥글게 커져간다.
새 생명들이 쏙쏙 들어서고,
새 생명의 새 생명들이 또 쏙쏙 들어서고,
반지는 즐겁게 힘겹게 자란다.
그렇게 너와 나의 약속은 영원으로 흘러간다.

개골개골 개구리 노래를 한다.
아들 손자 며느리 다 모여서
개골개골 개구리 목청 커졌다. 

문패

몇 칸짜리 집을 어렵사리 마련하면 이름 석 자를 새겨 대문에 걸어 두었습니다. 집 크기에 따라 가격에 따라 또 그 주인의 취향에 따라 다 다른 모양이었지만 대개는 세로로 세워진 나무토막에 먹물로 이름 석 자를 쓴 다음, 그 위에 니스를 발라 오래도록 사용했습니다.

문패에 송곳으로 구멍을 뚫고 나무대문 기둥에 못으로 쾅쾅 박으면 이제 내 집입니다, 이곳이 내 왕국이다 했습니다. 내 이름을 걸어놓고 내 집 앞을 깨끗하게 하지 않을 수 없어서 가을에 낙엽 떨어지면 열심

히 쓸고, 겨울에 함박눈이 내리면 아이들과 어울려 커다랗게 눈사람을 만들어 함석대야를 머리에 씌우고 싸리 빗자루 옆에 세워 떡 하니 대문 앞에 내놓았습니다.

대리석을 음각해서 한문을 먹물로 쓴 문패도 있었는데 주인의 생김새도 무서울 것 같고 왠지 차가운 기운이 돌았습니다. 그 집 앞은 항상 조용해서 드나드는 사람도 없이 굳게 닫힌 문만 버티듯이 서 있었습니다. 눈 오는 날엔 자기네 넓은 마당에 눈사람을 만들어 자기들만 보는지 대문 앞 눈사람도 없었습니다.

나는 또박또박 친절하게 한글로 쓴 문패가 마음씨 좋은 사람이 사는 집 같아서 제일 좋았습니다. 시골티가 물씬 나는 이름을 보았을 때는 친구끼리 많이도 웃었습니다. 그리고 그 시절 흔하지 않았던 외자 이름, 또 분명 여자 이름 같은데 문패에 쓰여 있는 이름들은 참 이상해 보였습니다. 문패가 없는 세상에서 돈을 벌어 집을 사는 재미가 있을까요?

이 작품은 문패가 붙어 있던 어릴 적 우리 집입니다. 고무줄넘기 하고 공기놀이 하고 봉숭아 물 들이던 곳, 남동생들이 코 흘리며 딱지 따먹기 하던 곳. 서울시 종로구 충신동 53-17번지 나무 대문 앞에 걸렸던 우리 아버지 성함 석 자.

꿀 같은 낮잠

해야 할 때 하기 싫었던 공부, 몽상과 망상에 취했었습니다. 시험이 내일이다 하면 포천이나 의정부 쪽 미군부대에서 흘러나와 어렵게 산 커피를 국사발에 타서 마시고 앉은뱅이책상에 근엄하게 앉아 책을 폅니다. 연필로 무언가를 쓰면서 공부를 시작했는데 곧 아무 기억이 없습니다. 그냥 책에 머리를 얌전히 대고 조용히 잤습니다. 잠을 실컷 자는 것만이 소원이고 소망이었습니다.

아이들을 키울 때 쏟아지던 잠. 젖을 먹일 때나 우유를 먹일 때 어쩌다 아이를 끌어안고 슬며시 낮잠이 들면 아이는 어느새 먼저 깨어 칭얼대며 내 배 위를 기어오릅니다.

'잠 좀 실컷 자보았으면-.'

이제 소원이 이루어졌습니다. 그 누구도 나에게 참견하지 않습니다. 풍족한 자유가 주어진 것입니다. 그러나 쏟아지던 잠은 깜깜한 과거에 묻히고, 오늘도 난 스스로를 달래며 하라는 대로 할 테니 제발 잠들라 합니다.

그때 그 잠이 부럽고 그리워서 만든 작품입니다. 아침햇살처럼 환했던 그 시절, 항상 그 햇살일 거라고 생각했던 그 시절, 늙음이 어둠이란 생각도 못하고 오직 아기가 잘 먹고 트림 잘하고 잘 싸고 뒤집고 앞으로 기어가고 간신히 일어나 앉아 짝짜꿍하고 비틀비틀 뒤뚱뒤뚱 손잡고 걷고… 이것에 모든 것을 쏟았습니다. 이것 외에는 아무것도 생각하지 않았던 그 시절이 그립습니다. 라디오에서 러시아 음악이 흐릅니다. 그리움과 기다림에 한해서 러시아 음악에 비할 게 없는 것 같습니다.

같은 것을 다르게 만드는 힘

우리 집 거실 TV 옆에는 딸아이가 그린 '반 고흐의 의자' 작품이 있습니다. 보고 그대로 그려줘 반 고흐의 작품입니다. 거실을 왔다 갔다 하며 늘 이 작품을 쳐다봅니다. 고흐가 의자를 그릴 당시의 그 지독한 가난과 고통은 쏙 빼버리고 나에게 그 불꽃같은 열정만 줄 수는 없을까. 책에서 만났던 위대한 작가들을 모두 번갈아 의자에 앉혀놓고 그들이 겪었던 괴롭고 아픈 고통은 빼놓고, 오직 그 열정 그 영감만 받고 싶어집니다.

내 작품에는 의자가 많이 들어갑니다. 그런데 어디가 달라서 내 의자는 이토록 초라해 보일까요. 눈으로 보이는 의자 작품도 있고, 머릿속으로 가슴속으로 보이는 의자 작품도 있습니다. 꼭 사람만 앉으라는 것은 아닙니다. 구름도 잠깐 머물고 아침에는 해님도 앉고 겨울에는 함박눈이 소복이 앉습니다. 새들이 힘차게 나뭇가지와 의자를 번갈아 오르내리며 재미있게 지저귑니다. 산들바람도 놀러오고 폭풍은 앉자마자 후딱 떠납니다. 이슬비는 솔솔 오래 앉았다 가고 여름의 장마는 의자를 말끔히 목욕시켜줍니다.

자연은 의자와 주고받습니다. 의자의 꿈은 넓고도 깊고도 큽니다. 침묵하는 의자, 마치 바닷속같이 그 속을 모르는 의자지만 한 가지 내가 아는 것은 그 품이 넓고도 커서 모든 것을 포용한다는 것입니다. 작은 사람, 큰 사람, 훌륭한 사람, 나쁜 사람, 슬픈 사람, 기쁜 사람, 희망의 노래를 부르는 사람, 절망에 힘겨워하는 사람에게 의자는 싫다고 찡그리는 법이 없습니다. 다 앉게 합니다. 동시에 마음의 모든 짐을 편하게 쉬게 해줍니다.

조각을 하는 사람으로서 청동에 생명을 불어넣은 로댕의 이야기를 담은 책은 말할 것도 없고 영화도 여러 번 보았습니다. 어느 것 하나 생명력이 넘치지 않는 작품이 없었습니다. 나도 인체를 무수히 만들었습니다. 앞에서 보고 뒤에서 보고 또 아래서 위를 쳐다보며 위에서 아래를 바라보며 그리고 옆에서 쳐다보며 빙- 돌고 또 돌면서 열심히 만들었습니다. 같은 인체를 보고 만들었는데 무엇이 다르게 보여서 로댕의 인체는 생명력이 넘쳐나고, 나의 인체는 생명력을 잃어가는 것일까요.

모두 같은 것을 보았습니다. 의자도 인체도….

하지만 그들에게는 같은 것을 다르게 만드는 힘, 태양처럼 뜨거운 열정이 있습니다.

엄마의 눈빛 아가의 눈빛

엄마와 아가가, 아가와 엄마가 서로 눈을 마주친다.

고요한 뜨거움이다.

그 사이에는 빛도 들어갈 수 없고 바람도 들어갈 수 없다.

그런 사이 그런 사이

엄마의 눈빛 아가의 눈빛.

이삭 줍는 여인

성경 ≪룻기≫에서 과부가 된 룻은 가난한 사람들을 위해 이삭을 남기는 이스라엘의 전통에 따라 일꾼들이 일부러 떨어뜨리는 이삭을 줍다가 우연히 보아스에 속한 밭에 이르렀습니다. 보아스는 룻이 시어머니에게 행한 모든 것을 알게 되면서 일꾼들에게 곡식 다발에서 이삭을 조금씩 뽑아버려 그에게 줍게 하라는 명령을 내립니다. 보아스는 차근차근 룻에게 다가오고, 그들의 사랑은 아름답게 시작됩니다.

나의 이삭줍기는 무엇일까 생각해봅니다. 지금 이 순간까지 나를 친절하게 다정하게 만나주고, 서러울 때 같이 울어주고, 가슴에 분노가 널뛰기를 할 때 내 팔을 잡아준 것은 책입니다. 평생을 함께하며 나를 지탱해준 보아스 같은 책에서 나는 많은 것을 얻었습니다. 마실수록 목이 마르다 했던가요. 읽고 또 읽어도 책에 대한 갈증은 멈추지 않습니다.

지나갈 거야, 다 지나갈 거야

살다 보면 여러 가지 경험을 하게 됩니다. 흥미도 없고 관심도 없고 제발 그런 경험은 안 했으면… 하는데 깊숙한 골짜기에 갇힌 경험을 많이 합니다. 두 손으로 잡고 올라갈 줄은 없는데 고개를 들어 쳐다보는 하늘은 아득합니다. 무심하고 냉정합니다. 본척만척 휙 날아가는 새들, 솜사탕 같은 구름은 그냥 모른 척 파란 하늘에 왈츠를 추듯이 흘러갑니다. 비는 똑바로 쭉쭉 때리듯이 쏟아집니다. 낙엽들은 곤두박질 날아와 아무데나 앉습니다.

'다 그런 거야, 힘내!' 위로하며 마음에 하나하나 층계를 만들어줍니다. 층계를 따라 한 발 한 발 오르면 어느새 숲속의 샘물입니다.

비와 눈이 오랫동안 스며든 오래된 숲속의 샘물이 다시 흐르고 새들도 짝지어 날아와 즐겁게 노닙니다. 인간의 영원한 고향인 자연의 노랫소리가 우렁차게 들립니다.

마음은 외로운 사냥꾼

영화를 보는 내내 주인공 싱어와 나무를 빗대어 생각해보았습니다. 듣지도 말하지도 못하는 싱어는 같은 처지인 안토나 풀로스와 서로 의지하며 삽니다. 그러나 안토나 풀로스는 먹는 것에 대한 비정상적인 집착으로 정상적인 생활을 하지 못하고 요양소로 떠나게 됩니다. 버스 정류장에서 유리창으로 친구를 바라보며 싱어는 열심히 수화를 하는데 안토나 풀로스는 먹는 것만 챙기느라 쳐다보지도 않습니다. 떠나는 버스를 쳐다보는 싱어의 눈에는 붉은 눈물이 곧 흐를 것 같습니다. 머릿속으로 가슴속으로 목구멍 속으로 온몸으로 자신의 삶을 힘껏 삼킵니다.

혼자가 된 싱어는 요양소와 가까운 곳에 있는 가정집의 2층 방을 빌리게 됩니다. 아버지의 사고로 생활이 어려워져 어쩔 수 없이 자신의 방을 내놓은 소녀 믹 갤리는 음악을 하고 싶은 마음에 방황하고 절망하고 외로워합니다. 소녀는 2층으로 올라와 듣지도 말하지도 못하는 싱어에게 모든 걸 털어놓고 싱어는 '다 알아' 하는 표정으로 조용히 웃어줍니다.

소녀가 좋아하는 레코드판을 구입해 크게 틀어놓고 체스를 하며 믹이 오기를 기다립니다. '싱어'라는 나뭇가지 주위에는 여러 사람들이 모여듭니다. 사회의 변화를 꿈꾸는 제이크 블라운트, 흑인들의 불행

과 아픔을 자신의 아픔으로 받아들이며 성심껏 도와주는 흑인 의사 코플랜드, 그의 딸 포사, 포사의 남편… 그들은 여름날 땡볕에 시원한 나무 그늘을 찾은 듯이 '싱어'라는 커다란 나무 아래로 모여들어 자신들의 아픔을, 외로움을 토해내고 토해냅니다. 싱어는 그저 빙긋이 웃으며 '다 안다'는 듯이 그들에게 따뜻하게 대해줍니다.

귀로 듣는 것이 아니라 온몸을 내던져 듣는 그에게 사람들은 폭포수같이 말을 해댔고, 그는 온몸으로 그들을 위로했습니다. 말을 할 줄 아는 사람들은 그에게서 위로를 받고 절망과 싸울 힘을 얻었습니다. 그러나 누구도 싱어의 외로움, 그 지독한 고독을 알지 못했습니다. 요양원에 있는 친구에게 가는 것이 유일하게 그의 외로움을 씻는 일입니다. 글씨를 모르는 안토나 풀로스에게 편지를 쓰고, 면회 날을 기다렸다가 먹을 것을 사서 기쁜 마음으로 그에게로 달려갑니다.

그날도 어느 날처럼 요양소를 찾은 그는 친구가 이미 죽었다는 소식을 듣습니다. 미친 듯이 자신의 가슴을 치며 친구의 무덤을 빙빙 돌다가 슬프다는, 아프다는 말 한마디 못 하고 권총으로 자신의 외로운 가슴을 쏩니다.

싱어의 눈에 눈물이 어리면 나는 흐느껴 울었습니다. 얼마나 외롭고 얼마나 무서웠을까. 아무것도 들리지 않고, 아무 말도 하지 못합니다. 그 두려움과 고독은 그가 되어보지 않고는 모릅니다. 오직 그의 고독입니다. 오직 그만이 아는 고독입니다.

하늘과 땅을 연결하는 나무, 나무는 성스럽습니다.

나무처럼 살다간 싱어, 나무는 고독합니다. 싱어는 고독합니다.

노래 잘하는 꾀꼴 새. 말 잘하는 앵무새가 된 싱어는 오늘도 튼튼한 나뭇가지에 앉아 세상을 향해 평화의 노래를 불러줍니다. 대지의 여인의 품에 안겨서….

블루 크리스마스

창밖에는 눈이 내립니다. 작업하는 방에 빛의 명암 때문에 창문에 창호지를 발라 가려놓았더니 내리는 눈이 보이지 않습니다. 창문을 열면 베란다가 보입니다. 전자레인지, 세탁기, 부엌에서 밀려난 냄비, 프라이팬과 세탁기에 필요한 세제들이 널려 있는 곳, 그 너머가 하늘입니다. 사나운 바람 때문에 내리는 눈도 어디로 갈지 갈팡질팡합니다. 내가 만드는 작품들도 바람에 움직입니다. 내 몸은 점점 차가워져 두툼한 털양말을 찾아 신었습니다. 어깨에는 담요를 삼각형으로 접어 둘러썼습니다. 그리고 크리스마스가 다가오면 듣는 캐럴 빙그로스비의 '고요한 밤 거룩한 밤'을 틀었습니다.

대학 다닐 때 무섭도록 추웠던 조소과 실기실이 떠오릅니다. 흙통 속에 있는 흙은 얼어붙은 바위덩어리 같았고 높은 천장과 아귀가 맞지 않는 문짝 때문에 웃풍이 위풍당당한 교실은 추위가 가득했습니다. 자그마한 연탄난로 옆에 오롯이 서 있는 모델 좌대에는 누렁 군용 담요가 깔려 있고, 모델은 가운 하나 걸치고 피로와 추위에 오들오들 떱니다. 피부에 소름이 돋아 쉬는 시간이면 난로 주위로 우르르 몰려듭니다. 친구 하나가 "얘들아, 정신 나는 것 하나 보여줄게" 하더니 지갑을 열고 남자 사진에 입을 딱 맞추고 보여줍니다. 엘비스 프레슬리의 사진이었습니다. "난 앉으나 서나 이 남자다! 노래도 죽이고 기타

치며 흔들거리는 모습이 기가 막혀"라고 합니다.

딸들과 샌프란시스코 바다가 보이는 곳에 갔을 때 비가 쏟아지는데 안개가 하얀 연기같이 피어오르고 거리와 빌딩 앞은 크리스마스 장식품으로 화려합니다. 비련으로 끝나는 영화의 마지막 장면 같은 분위기입니다.

"비 오는데 엄마 나가지 말고 이 CD나 들어요. 나 얼른 갔다 올게."

틀어주고 간 CD에서 몇십 년 전 엘비스의 얼굴이 생각났습니다. 가볍게 흥얼거리는 그 첫 음에 홀딱 반해버렸습니다. 음이 조금 빠른 편인데 어쩜 그리도 사람의 마음을 올려놓았다 내려놓았다 하는지요. 그야말로 난 비련의 주인공이 되었답니다.

얼마 전 딸에게 빼앗아온 블루 크리스마스 CD를 틀었습니다. 그 순간 기쁨 속에 슬픔인지 애잔함 속에 즐거움인지 분간하지 못하도록 아련해집니다. 예수님 탄생, 그 무엇과도 비교 못할 기쁨이죠. 그러나 십자가의 그 혹독한 아픔을 알기에 크리스마스 때가 다가오면 그 표현 못할 감정에 휩싸이게 됩니다. 자주 가는 병원 한 벽면에 소박한 농부 부부가 기도를 드리는 화가 밀레의 '만종'과 같은 작품이 마주 보고 있는 가운데 시커먼 여물통에 누운 조그만 아기의 모습이 보입니다. 휘황찬란한 크리스마스트리에 비하여 초라하기 짝이 없습니다. 그곳에 한 줄기 빛이 세 인물을 비추면서 주위에 커다란 그림자를 만들어냅니다. 마리아와 요셉, 아기 예수 위에 떨어진 그 빛. 우리 인생과 세상이라는 벽에 소망이 넘치는 큰 그림자가 투영하고 있습니다. 오며가며 지나치는 길에 사람들이 가슴에 성호를 긋습니다. 예수님

탄생이 기쁘면서도 십자가라는 혹독한 아픔, 정말이지 기쁨과 슬픔이 양면의 동전같이 늘 따라다닙니다. 블루 크리스마스를 들으며 만든 작품의 명제는 '예수님 감사합니다. 찬양합니다. 용서해주세요'입니다.

매해 11월 31일이면 크리스마스트리를 준비합니다. 크리스마스캐럴 따라 불러가며 12월 1일부터 새해 1월 10일까지 현관문 앞에는 때에 따라 양말, 작은 촛대, 솔방울 등을 걸어놓습니다. 사방이 화려한 트리로 장식된 테이블보, 썰매 타는 산타 할아버지가 그려진 커피잔, 눈사람 모양의 과자 그릇, 루돌프 사슴이 그려진 커다란 접시, 크리스마스와 관련된 소품은 모두 꺼내놓고 부엌에서 쓰는 행주까지 산타 할아버지가 그려진 것으로 장식합니다. 내 열 손가락에도 빨간색 매니큐어를 바르고 목에도 트리 모양의 긴 목걸이를 겁니다. 안식월처럼 한 달 남짓한 시간을 혼자서 즐깁니다.

재밌게 맛있게 먹는다

"아무에게도 방해받지 않고 남을 의식하지도 않으며 먹는 고독한 행위, 이 행위야말로 현대인에게 동등하게 주어진 최고의 자유 활동이라고 할 수 있다."

위의 내레이션으로 시작되는 <고독한 미식가>는 만화를 영상화한 드라마입니다.

어느 날 거래처의 모든 것이 취소, 걸려오는 전화마다 취소, 때마침 점심 약속 장소에 도착하니 그마저도 취소입니다. 막막히 걷던 고독한 미식가는 낚시터 간판을 보고 무작정 들어갑니다. 낚싯줄에 미끼를 끼고 탁- 던집니다. 물고기가 다가와 홀랑 고기만 빼먹고 '약 오르지?' 하는 양 꼬리를 흔들며 멀리 달아납니다. 낚싯줄을 급하게 또 탁- 던집니다. 쪼르르 다가온 물고기가 보란 듯이 제 밥 먹는 양 먹고 쏙- 가버립니다. 짜증에 얼굴이 벌게진 미식가에게 옆 사람이 이야기합니다.

"그렇게 급하면 안 됩니다. 조바심을 내면 물고기는 더 멀리 갑니다."

옆 사람이 다시 말합니다.

"기쁨이나 슬픔은 마음에 스며들지만 분노라는 것은 넘쳐나게 돼 있습니다. 분노가 있는 사람에게 물고기인들 가까이하겠습니까? 인간이 사기를 치는 것도 낚는다는 표현을 씁니다. 낚시는 낚는다고 생각하면 안 됩니다. 말린 오징어는 그냥 안주감이라고 쓰지, 낚은 오징

어라고 하지 않습니다."

달걀과 닭고기가 들어간 음식을 맛있게 먹고 상쾌한 기분으로 밖으로 나온 미식가의 눈에 집 앞에서 아빠와 딸이 정답게 노는 모습이 보입니다.

그가 음식을 조심스럽게 차근차근 씹는 모습을 볼 때면, 먹는 행위란 배를 채우는 것에서 벗어나 머리끝부터 발끝까지 즐기는 것임을 보여주는 듯합니다.

고독한 미식가의 아침 식탁을 마련해봅니다.

늘 혼자 긴 다리를 흔들며 맛있는 것, 당기는 것을 찾아서 음식 사진과 간판만 보며 거리를 헤매는 미식가. 스르르 눈감아가며 한 끼를 잘 먹으면 배를 쓰다듬으며 기운차게 걷던 그에게 어느덧 가족이, 가정이 생겼습니다. 미식은커녕 제때 밥도 못 얻어먹습니다. 냄비가 식탁에 오르고 프라이팬이 날아옵니다. 고독하게 미식을 찾으며 거리를 헤맬 때보다 쟁취하며 먹는 맛이 더욱 맛있다는 것을 깨닫습니다. 잘 씹지도 않고 넘어가는 맛이 있는, 생명력 있는 식탁입니다.

마티유 선생과 연못바닥

음악가이지만 음악가로 성공하지 못한 클레몽 마티유 선생이 '연못바닥'이라는 학교에서 희망이라는 것, 행복이라는 것과는 거리가 먼 학생들에게 처벌 대신 용서를, 그리고 음악을 통해 하모니를 가르칩니다. 네 목소리 내 목소리 섞이며 하모니를 이룰 때 그들은 서로를 인정하고 마음의 문을 열게 됩니다. 고독한 마티유 선생은 학생들을 통해 영감을 얻고 밤새워 아름다운 사랑을 악보에 적습니다.

온통 검은 구름만 뒤덮였던 학교에 따뜻한 햇살이 비추고 무거운 아이들 얼굴에 웃음꽃이 피던 것도 잠깐, 마티유 선생은 인간들의 변치 않는 그 욕심 때문에 학교를 떠나게 됩니다. 후에 차마 두고 가지 못해 데리고 떠났던 어린 제자 페피노가 마티유 선생의 일기를 들고 유명한 음악가가 된 학생 모항주를 찾아옵니다.

마티유 선생의 음악에 대한 헌신이 희망 없던 학생 하나를 유명한 음악가로 만든 것입니다. 영화를 보는 내내 마음이 무거웠고 선생의 고독이 외로움이 내 가슴을 흔들었습니다. 탈무드에 '마을을 지키는 사람'에 대한 내용이 있습니다. 하루는 위대한 랍비가 북쪽에 있는 마을을 시찰하기 위하여 2명의 랍비를 시찰단으로 보냈습니다. 치안차장에게 "우리가 만나고 싶은 사람은 이 마을을 지키는 사람입니다" 하니 마을의 수비대장이 나왔습니다. "아닙니다. 우리가 만나고 싶은 사람은 이 마을을 지키는 학교 선생님들입니다. 경찰이나 군인들은 마을을 파괴할 뿐입니다. 진정으로 마을을 지키는 사람은 교육자들입니다"라고 합니다.

그럼 어릴 때만 선생님이 필요할까요? 나이와 상관없이 우리는 모두 선생님이 필요합니다. 삶이란 끝까지 공부를 해야 되는 것이니까요. 영화를 보는 내내 우리 손녀손자가 마티유 같은 선생님을 만났으면 하는 마음이 간절했습니다. 또한 자라서 마티유 선생같이 삶을 멋지게 바로 살 줄 아는 사람이 되었으면 합니다.

등불-바라보며 가는 것

여기저기에 쪽지가 쌓여도 있고 노트 갈피, 책갈피에도 무수히 껴 있습니다. 결심을 하고 두꺼운 종이로 만든 상자를 샀습니다. 사실 집에는 'MY IDEA BOOK'이라고 쓰인 노트가 꽤 있습니다. 모두 손녀딸 단비가 자기 노트를 살 때마다 내 것도 사서 "할머니, 작품 아이디어 많이 해" 하며 준 것입니다.

뜨거운 커피잔 자국에 찢어진 쪽지에는 러시아 민요 '등불'이 적혀 있습니다.

'전쟁터에 나가는 남자가 집을 뒤돌아보며 등불이 켜 있는 창문을 바라보다 가는 것.'

내 버릇에 날짜 쓰고 시간 쓰는데 날짜도 시간도 없고 짐작하건데 밤 12시 지나 하는 라디오에서 들었겠죠. '바라보며 가는 것'에 밑줄을 강하게 그어놨습니다.

창가에 등불을 켜놓고 기다리는 사람의 가슴이 저미는 시간, 기다림의 따뜻한 등불을 떠나 생사를 오가는 전쟁터에 가는 남자의 등불. 도저히 그 마음들을 글로는 다 표현하지 못합니다. 각자 듣는 사람의 몫이겠죠.

그림 그리듯 만들어본 작품입니다. 창문틀을 짜는데 목공소를 수없이 드나들었습니다. 인체와 등불, 여기에는 반드시 불빛이 비쳐야 됩

니다. 그런데 그 작은 등잔을 구하는 게 만만치 않았습니다. 결국엔 골동품상회에서 7센티미터 되는 등잔을 구했죠. 굵은 실로 심지를 만들고 주유소에서 사이다병에 등유를 샀습니다. 불빛이 타오를 때의 기쁨이란 이루 말할 수 없습니다. 보기에는 간단합니다. 그러나 이 모든 것의 뒷면은 보이지 않는 곳에서의 엄청난 수고스러움이 있습니다. 구매자는 복잡하다고 등불 든 여인만 샀습니다. 창틀에 유리를 끼우는 것이 얼마나 힘들었는지 모릅니다. 엄청난 수고를 한 창문은 작업실 꼭대기에서 여전히 혼자입니다. 아가를 안고 있는 엄마를 만들어 혼자인 창가에 세워주려고 합니다.

희망 그대로

할아버지, 할머니들이 인사동 찌개집에 옹기종기 모였습니다. 오늘은 졸업 40주년 축하 전시를 했습니다. 아주 오랜만에 웃고 또 웃었습니다. 아주 연로하신 선생님을 모시고 사진도 찍었습니다. 후배 몇 명이 왔던가? 작품을 좋아하는 관객이 있었던가? 여하튼 오렌지주스 견과류 귤 등이 있는 작은 탁자 앞에서 덧없는 이야기하다가 화랑문을 닫고 찌개집으로 올 것입니다.

이럴 때 술이란 참 좋은 것입니다. 술잔을 하나씩 들고 '위하여!'를 했습니다. 술이 고래였던 친구가 손을 저으며 '요즘 속이 안 좋아서…'라고 말한 것을 시작으로 아픈 이야기가 폭포수처럼 쏟아졌습니다. 수술 안 해본 사람이 한 사람도 없고, 짧든 길든 병원 신세를 안 진 사람이 없네요. 약봉지를 꺼내 보여주는 동창도 있었습니다. 한 잔 두 잔, 병의 하얀 물은 자꾸자꾸 없어집니다. 아아, 그 핏발 선 눈동자. 목에 선 강한 힘줄. 우리는 40여 년 전으로 돌아가 손짓발짓 일어섰다 앉았다 하면서 온몸으로 작품을 합니다. 젊었을 때의 그 기막힌 열정, 꿈, 가능성이 40여 년이란 명암의 세월, 그 오랜 좌절의 세월에 휩싸인 그들에게 아직도 고스란히 남아 있습니다. 그리고 또 그릴 것, 한평생 매일 그릴 것, 죽을 때까지 다른 건 말고 그림만 생각할 것이라던 그들의 희망 그대로가 하나의 거대한 작품입니다. 열정과 꿈, 긴

세월이 엉켜 온몸이 만들어내는 동작은 명작 중 명작입니다.

복도를 마주 보며 조소실, 서양화실이 있었습니다. 서양화실에서 새어나오는 테레핀 냄새와 조각실에서 들리는 시끄러운 망치 소리 때문에 늘 서로 투덜거리며 지냈습니다. 지금 생각하면 열악하기 그지없던 작업실이었습니다.

'모든 꿈은 이루어질 거야'라는 사라 브라이트만의 노래가 생각납니다. 부르고 싶군요. 화가는 파란 하늘을 지붕으로 그림을 맘껏 그리고, 조각가는 푸른 풀밭에서 흙을 붙여나갑니다. 구름이 흐르듯 명암을 만들어주고 새들이 노래를 불러줍니다. 에덴동산의 작가들은 기쁘고 즐겁습니다. 관객들도 즐겁습니다. 화가와 조각가 사이 풀밭에 귀엽게 앉은 아이는 손녀딸 단비가 세 살 때입니다.

수호천사

하얀 종이에 펜으로 그린 크리스마스 그림이 재미있게 한 장 한 장 썰매를 타듯이 넘어갑니다. 루돌프 사슴코, 산타 할아버지, 눈 쌓인 크리스마스트리, 여러 모양의 정성스러운 선물 꾸러미, 마차 자국 깊숙한 골목길을 비추는 따뜻한 가로등… 흡사 눈 위에서 기도하듯 마음을 시원하게 해줍니다.

크리스마스를 축복하듯 커다란 눈송이가 쏟아지는 장면이 좋아서 그 시절 사람들의 여유로운 마음씨와 여자들의 옷 모양, 생활상이 좋아서, 무엇보다도 수호천사가 좋아서 자주 보는 흑백 영화가 있습니다. 영화 <멋진 인생>을 처음 보고 나서 '나에게도 수호천사를 보내주세요'라고 기도해보았습니다. 나이를 먹으면서 다시 영화를 봤을 때는 '나에게도 수호천사가 있다'고 최면을 걸었습니다.

생각해보면 우리는 서로가 서로에게 수호천사입니다. 책이나 영화에서처럼 신비스럽게 등장하는 경우도 있지만 지극히 평범한 오늘도 나만의 수호천사를 만날 수 있습니다. 길에서, 버스에서, 음식점에서, 무거운 짐을 들고 타고 내리는 비행기에서, 그때그때마다 웃으며 거들어주는 수호천사들이 있었습니다. 또 자연은 우리에게 모든 것을 주었습니다. 보석 같은 음악도 수호천사입니다. 겹겹이 두른 수호천사 틈에서 살면서도 삶이 무겁다고 합니다. 수호천사는 고통 중에서도 다른 삶을 시작하게끔 인도해줍니다. 천사들이 날 수 있는 것은 마음이 가볍기 때문이라고 합니다. 내 마음이 가벼워지고 비워지고 내려놓으니 수호천사가 보입니다.

생명의 책

서두르지 않는 사람들 틈에 끼어 앉아 파도를 봅니다. 조바심이 천천히 가라앉습니다. 봄볕에 빨아 널어놓은 아가 옷처럼 잔잔하게 흔들거립니다. 미리 누리는 기쁨입니다. 파도의 움직임 속에서 춤의 동작을 생각합니다. 나뭇가지 잎사귀와 잎사귀 그 틈새의 햇빛을 보고 시를 지었습니다. 천둥과 바람소리에 '음'을 알았습니다.

노을을 기다리며 봅니다. 깊고도 오묘한 빛의 선물, 오늘을 떠나는 기념으로 남긴 찬란한 빛의 선물입니다. 하늘과 바다는 시시각각으로 이 빛이 저 빛으로 합쳐지다가 어느 순간 지평선 너머로 사라집니다. 그 위로 갈매기가 힘차게 비행을 합니다.

어느 순간 노을이 책으로 변했습니다. 바다에 펼쳐진 노을빛만큼의 책이 흘러내려옵니다. 아가가 걷듯이 천천히 다가옵니다. 일평생 변치 않고 내 곁에 있어준 친구들입니다. 뭔가 깨달았으면 이 오묘한 신바람을 감탄하며 감격하며 보았으면 하는 마음이 간절했습니다. 나를 여기까지 이끌어온 노을이, 깊고도 오묘한 빛깔이 하나하나의 책으로 보였습니다. 그 위대한 작가들에게 머리 숙여 감사를 드렸습니다.

봄꽃 같은 돌덩어리

오늘 날씨는 봄봄 같네요. 덕평리를 지나면 자주 가는 돌공장이 있습니다. 봄이면 색색의 꽃들이 화려하게 핍니다. 자그마한 연못의 잉어도 볼만합니다. 채석장을 방불케 하는 그곳에는 여러 가지 돌들이 있습니다. 이름도 발음하기 어려운 다양한 빛깔의 이탈리아 대리석, 중국 대리석, 우리나라의 논산석, 마천석, 오석 등이 여러 형태로 조각나 되는대로 널려 있고 쌓여 있습니다. 그 자체가 작품들로 보입니다. 어두워져서 스탠드를 켜면 책상 위에 책, 연필, 지우개, 볼펜 그리고 안경이, 찻잔이 아무렇게 놓인 모습이 근사해 보이는 바로 그 상태입니다. 무의식적인 상태, 아무런 의도함 없이 그냥 놓인 것, 좋은 작품이란 가장 자연스러운 것이 아닐까요.

버려진 돌 사이로 '설치미술이 따로 없네' 하면서 야산 쪽으로 슬슬 올라갔습니다. 그때 이름 모를 봄꽃이 핀 듯 오롯이 혼자 있는 돌덩이를 발견했습니다. 참 묘하게 잘려 있었습니다. 본체는 잘려나가고 의미 없이 버려진 돌에 마음이 끌려 꺼내들고 내려와 얼음같이 차가운 지하수로 닦아냈습니다. 머나먼 이탈리아의 어느 채석장에서 뽑혀서 여기까지 실려와 한 부분은 데려가고 뚝 잘린 채 버려졌겠지요. 작업실로 데려와 흙투성이인 책상을 말끔히 닦아내고 마천석으로 만든 광나는 좌대 위에 올려놓았습니다.

낡은 책이 생각납니다. 김유정의 ≪봄봄≫입니다.

딸아이 점순이의 키가 크면 성례를 시켜준다는 조건하에 머슴으로 들어온 순진무구한 농촌 총각은 점순이의 키가 자라지 않아 노심초사합니다. 무거운 물동이를 자꾸 이니까 뼈다귀가 움츠러드는 거 아닌가 하여 물을 대신 길어주며 성례를 올릴 날만 눈 빠지게 기다린다는 내용을 산촌의 토속적 말씨로 재미있게 그려 입가에 웃음이 감돌게 하는 작품입니다. 동네 서낭당에 가서 점순이의 키 좀 크게 해달라고 비는 순박하고 우직한 총각이 참 안됐다 하며 읽었고 언젠가는 결혼시키겠지 안심하면서 책장을 덮었습니다.

나무가 무럭무럭 자라듯 무럭무럭 자란 점순이가 머리 위로 봄과일을 가득 이고 행복해하고 있습니다. 쓸모없던 돌덩이는 자라는 나무가 되어 성례할 날만 기다리던 총각은 기쁨에 입이 벌어질 것입니다. 그들에게 찬란한 봄날이 왔습니다.

하얀 대리석에 무슨 색칠이냐며 주위에서 말렸지만 뭐 어떠랴, 애타던 봄, 봄인데.

히치콕의 새, 내 작품의 새, 그리고 기러기

작품에 오브제로 제일 많이 만든 것이 새였습니다. 파랑새, 빨간새, 색동저고리 같은 오방색의 새, 꽃도 특히 화분에 심은 꽃도 많이 만들었죠. 여러 종류의 열매도 만들었습니다. 내 속에 있는 새는 여러 가지 의미를 내포하고 있습니다. 즐거움, 희망, 아름다움, 꿈, 열망, 아가, 연인, 책, 사랑, 그리움, 기다림, 시, 영화, 바람 등 참으로 다양한 의미를 담았습니다. 꽃도 열매도 다 이런 의미를 두었습니다.

유명한 히치콕 아시죠? 영화에 자기 얼굴을 한번 쓰윽 비추는 참신한 아이디어가 부러웠던 감독입니다. 히치콕을 영화 <사이코>와 <새>에서 만난 지는 꽤 오래전입니다. 원래 스릴러를 좋아해서 명탐정 셜록 홈즈의 팬이고 여류작가 아가사 크리스티의 스릴러도 좋아합니다. 명연기를 펼치는 포아르 탐정, 자그마한 할머니 탐정 미스 마플. 작업실에서 그라인더 소리, 폴리 냄새에 녹초가 돼 들어온 날은 이런 종류의 영화를 보고 또 보며 피로를 푼답니다. 참 묘한 습관입니다.

몇 해 전에 샌프란시스코 근방에 있는 보데가 만(Bodega Bay)이라는 곳을 가본 적이 있습니다. 영화 <새>의 여주인공이 새장 속의 새와 더불어 나룻배를 저어 베이를 건넜던 장소라 해서 찾아갔습니다. 직접 가보면 다 그렇듯이 그냥 넓고 깊은 물만 흐르는 곳이었습니다. 호숫가 근처가 매우 황량했습니다. 우리나라 같으면 호수 보여준다고 겹겹이 카페를 세웠을 텐데. 근처 자그마한 판잣집에서 큼지막한 조개를 벌겋게 달군 조약돌 위에 구워서 팔길래 먹으면서 애써 그 장면 속에 빠져 보았습니다.

샌프란시스코 다운타운에 있는 메이시 백화점 앞에는 여주인공이 가게에서 새장을 사서 차도를 건널 때 보이던 커다란 탑이 아직도 있습니다. 지금은 크리스마스 때 높다란 트리를 해놓고 아이들과 연인들이 스케이트를 씽씽 타는 곳입니다. 영화에서는 히치콕이 전차에서 내리는지 타는지 행인인지 모를 모습으로 나타납니다. 새까만 새를 수없이 만들어 사람들을 쪼아대고, 한 동네를 공포로 몰아넣는 그런 끔찍한 새를 만든 할아버지 같지 않습니다.

직업병인 손목이 저리고 쑤시고 아파 정형외과에 앉아 있는데 부러진 뼈를 맞추러온 사람으로 가득합니다. '그저 넘어지지만 말자'고 목발을 한 환자를 보며 중얼거리다가 눈이 마주치니 웃는 둥 마는 둥 어색한 표정을 지으며 얼른 옆에 흐트러져 있는 잡지책을 들었습니다. 스르륵 훑어보는데 힘차게 나는 새떼들이 보였습니다. 한참 들여다보다가 기러기에 대한 기사를 흥미 있게 읽었습니다. 기러기 떼가 날면서 우는 것은 뒤따라가는 새가 앞서가는 새를 격려하기 위함이랍니다. 한참 날다가 힘들면 앞서가던 새와 자리를 바꾸어가기 때문에 장거리 여행이 가능하답니다. 한 마리 새에 이상이 생기면 다른 두어 마리가 내려와 같이 있다가 다시 합류하여 날아간다고 합니다.

나는 기러기 떼가 그리 아름답게 보일 수가 없었습니다. 그저 하늘

을 신나게 날아가는구나 생각했는데 그게 아니었습니다. 서로 도와주고 격려해주고 아껴줄 때 더 큰 역량의 힘을 발휘할 수 있다는 것을 저 두 날개로 나는 새가 알고 있습니다. 누구에게 배웠을까요. 내 작품의 새들은 어떨까요.

그물망 앞에 문지기

직사각형의 흔들거리는 하얀 그물망, 그 구멍 사이로 세찬 바람이 쑥쑥 넘어갈 듯한 거친 숨소리와 함성이 빨려 들어갑니다. 목표물을 향해 화살처럼 민첩한 행동으로 빛처럼 달려가는 재규어들, 힘없이 출렁이는 그물망 속에 둥근 공이 힘차게 들어가면 온몸의 세포가 하나하나 다 솟아나도록 고함을 지르고 바람을 가르고 공기를 뚫습니다. 검은 황소가 투우사에게 달려가듯이 먹잇감을 놓고 집단으로 으르렁대며 달려가는 하이에나들처럼.

두 손 붙잡고 가슴 조리며 보다가 공이 들어가면 두 팔 벌려 기운 좋은 생선처럼 펄떡펄떡 뜁니다. 그물망에 공이 들어간다고 세상이 무엇 하나 달라지는 것도 아닌데 왜 이리 조마조마한지… 공이 한번 들어가려면 엄청난 방해가 있습니다. 넣고자 하는 발들과 방해하는 상반된 발들이 빛처럼 움직입니다. 흡사 날아다니는 왕벌들 같습니다.

골키퍼는 혼자서 힘없이 흔들거리는 그물망을 지키고 섰습니다. 탁탁탁 튀는 불꽃처럼 달려드는 둥근 공은 어디로 튈지 모릅니다. 있는 힘을 다해 막아야 합니다. 한편에선 놓쳤다고 좋아하고 받았다고 환호하는 쌍갈래 길에서 반대편끼리 마주 보며 든든한 벽도 지붕도 없는 집을 지킵니다.

아카키비치의 외투

겨울 날씨 답지 않게 따스하더니 드디어 동장군이 왔습니다. 폭포도 얼었고 분수도 얼었고 거리의 사람들이 얼굴만 내놓고 빨리빨리 걷습니다. 어찌 보면 활력도 있어 보입니다. 부지런해 보입니다. 외투가 생각나는 계절이죠.

작품을 할 때 작가들은 명제에 대해 많이 고민합니다. 영감이 떠올라 작업하고는 언어로 표현하기가 쉽지가 않은 것입니다. 서로 이것이 좋을까 저것이 좋을까 의논도 합니다. 내 작품의 커다란 주제는 '평화'입니다. 그런데 명제 짓는데 15년이 걸린 작품도 있습니다. 아이들을 주제로 할 때 만든 오버코트에 목도리, 털모자까지 쓴 자그마한 작품입니다. 손에는 털장갑까지 끼었습니다. 다른 작품들은 어찌어찌 다 제 갈 길을 갔는데 그 작품 하나만 나와 동고동락합니다.

어느 날 고골리의 ≪외투≫라는 책을 만났습니다. 페테르스부르크의 극심한 추위와 그곳 관청에서 만년 구등관급에 정지된 채 지독한 가난에 시달리는 아카키 아카키예비치의 이야기입니다. 요즘같이 옷감이 나일론, 폴리에스테르였더라면 어깻죽지가 모기장같이 해어지지는 않았을 것입니다. 외투의 깃은 자르고 또 잘라서 어느 부분을 기웠기에 이름만 보이도록 좁아지고 외투의 기장은 껑충해졌습니다. 아카키 아카키예비치의 정직한 삶, 경직된 삶, 오직 자기 직무에만 충실한 삶, 동시에 지독한 허무감이 느껴집니다. 아카키 아카키예비치는 새로운 외투를 마련키 위해 원대한 계획을 세웁니다. 늘 마시던 홍차도 끊고 밤에는 촛불을 끈 어둠 속에서 구두밑창이 닳을까 봐 뒤꿈치를 들고 살금살금 걷고, 하숙집에 오면 옷이 해어지지 않도록 모든 옷을 벗어버리고 오래된 무명 실내복으로 지냅니다. 이렇게 어렵고 고달프게 얻게 된 외투를 아침에 잠깐 비치는 빛같이 아주 찰나적으로 입어보고는 어처구니없게 강도들에게 빼앗깁니다. 이 대목에서 나는 마음을 진정해가며 분노와 안타까움에 시달렸습니다. 더 불쌍한 이야기가 이어집니다. 너무나 기가 막히고 마음이 아픈 아카키 아카키예비치는 열병으로 죽습니다. 아카키 아카키예비치의 시신은 묘지로 운반되어 매장됩니다.

페테르스부르크는 그 모양 그대로입니다. 마치 그런 사람은 애당초 존재하지 않았던 것처럼. 그 흔해빠진 파리까지 핀으로 꽂아 현미경으로 관찰하는 생물학자의 주의조차 끌어보지 못한 존재, 관청에서 온갖 조소를 순순히 참아내고 이렇다 할 일이라고는 하나도 이루지 못한 채 무덤으로 간 존재는 세상에서 영영 사라져버린 것입니다.

추운 겨울에 외투 깃을 세우고 빌딩숲을 걷는 사람을 보면 생각나는 소설입니다. 무덤이 어디에 있는지 오리털 넣은 두툼한 외투 한 벌을 보내주고 싶습니다. 15년 만에 '아카키비치의 외투'로 이름 지어진 작품입니다. 작품이란 질기고 끈질긴 것! 같군요. 제목 하나 짓는데도.

비석이라도 안아줄 수 있다면

포도를 씻어들고 테이블 위에 늘여놓은 책들 쑥 밀어놓고 오래돼 푹 꺼지는 의자에 깊숙이 앉았습니다. 한 송이 한 송이 뜯어먹으며 TV 뉴스를 봅니다. 커다란 입들이 내뱉는 참말과 거짓말이 소용돌이를 칩니다. 조사를 하면 할수록 거짓말이 탄로 나는 것을 보면 본인들도 자신이 무슨 말을 하고 있는지 모르는 것 같습니다. 결국에는 뉴스보다 포도송이에 집중하며 보고 있는데 천안함 6주기라고 합니다. 얼른 일어나 작고 동그란 플라스틱 아가 의자에 똑바로 앉았습니다. 금방 '충성!' 하며 힘찬 소리를 들려줄 것 같은 청춘의 사진들. 푸른 바닷속 돌고래가 펄떡펄떡 튀어오르는 듯이 어여쁜 그들이 하나하나 튀어나왔으면 좋겠습니다. 늙은 엄마가 '내 아들아' 부르며 손바닥에 피가 나도록 비석을 쓰다듬는데 나 역시도 눈물이 주룩주룩 흐릅니다. 차가운 침묵의 비석, 얼마나 끌어안고 싶을까요. 우린 '벌써 6주기야?' 하며 금방 잊고 말지만, 우리의 '벌써' 속에 아들 잃은 엄마들 가슴에 피멍이 하나씩 하나씩 늘어났을 것입니다.

중고등학교 다닐 때 군인 아저씨께 위문편지 쓰는 시간이 있었습니다. 1년에 한 번? 두 번? 생각이 안 납니다. '군인 아저씨 덕분에 우리는 후방에서 편안히 공부하고 있습니다. 감사합니다. 공부 열심히 해서 우리나라에 보탬이 되는 사람이 되겠습니다'라고 될 수 있으면 큰

글씨로 적어 보냈었습니다. 더러는 답장을 받은 친구들도 있었습니다.

어디선가 미어캣에 대한 글을 읽었는데 아프리카의 건조한 황무지에서 무리지어 서식하는 미어캣 공동체 철학을 한마디로 요약하면 '하나는 모두를 위해, 모두는 하나를 위해(One for All, All for One)'라고 합니다. 천적인 매와 독수리를 경계하려고 서로 순번을 정해 나무 꼭대기나 바위에 올라가 주위를 살피고, 다른 식구들이 먹잇감을 찾는 동안 뜨거운 뙤약볕 아래서 한 치의 소홀함 없이 공동체에 임할 위험을 살피고 경고합니다. 또한 암컷이 새끼를 낳으면 성숙한 암컷들의 유선이 함께 발달해 새끼를 공동으로 젖 먹여 키웁니다. 적이 공격해오면 굴 입구를 자기 몸으로 막아 동료들을 지켜내다가 죽기도 하고, 남은 식구들은 싸우다 죽어가는 동료를 홀로 두지 않고 옆에서 체온을 유지해주며 보살핍니다.

미어캣 공동체, 인간 사회 공동체, 나라를 위해 헌신한 모든 분의 공동체 철학 덕분에 지금까지 뿌리가 이어져 오고 있는 것입니다. 인간은 더불어 살도록 창조되어 있기에 가슴이 멍든 자들과 무거운 마음을 나누며 함께 가야 합니다. 명복을 빕니다.

야곱 신부의 묘비명

<야곱 신부의 편지>란 영화를 보았습니다. 사람들은 마음의 짐을 야곱 신부에게 보내고 야곱 신부는 하나님께 보내고 야곱 신부는 다시 사람들에게 보냅니다. 도시와 멀리 떨어진 외딴 마을 허름한 집에 헐어빠진 침대의 네 다리는 꽉 차 올라간 편지가 대신합니다. 비가 내리면 이곳저곳에서 빗방울이 뚝뚝 떨어집니다. 물통을 비롯한 크고 작은 갖가지 그릇으로 빗물을 받아냅니다. 야곱 신부는 이곳에서 여러 성도들을 비롯한 상처받은 사람들의 근심걱정이 담긴 편지를 받고 답장을 보냅니다. 이는 야곱 신부의 삶의 전부입니다. 어느 여름날 '레일라'라는 여인이 가방 하나 달랑 들고 무표정한 얼굴로 나타납니다. 레일라는 어릴 적 엄마에게 학대를 받았는데 그때마다 언니가 대신 맞아가며 지켜주었습니다. 자연히 비뚤어진 분노로 뭉쳐진 레일라는 형부에게 맞고 사는 언니를 보호하려다 형부를 칼로 찔러 죽입니다. 종신 무기형 죄수로 감옥생활을 하던 레일라는 누군가의 끈질긴 상소로 말미암아 감면받고 오갈 데 없는 발길로 야곱 신부의 대필자가 됩니다. 오는 편지 읽어주고 신부가 부르는 내용을 받아 적어 답장을 보내는 역할입니다. 눈이 안 보여 평생을 어둠 속에서 산 야곱 신부와 보이는 세상을 저주하며 폭탄 같은 분노에 찬 여인에 대한 이야기입니다. 눈은 보이지 않지만 마음의 문은 활짝 열어놓은 노인의 생애와 마

음의 자물쇠를 꽝꽝 걸어 잠근 여인의 이야기가 낡고 춥고 비 새는 집에서 무겁고 축축하게 이어집니다. 우편배달부 외에는 아무도 안 오는 판잣집에서 먹을 것이라고는 차디찬 빵 한 조각과 차 한 잔. 몇 번의 식사 장면이 나오는데 똑같습니다.

햇빛이 마당의 나무 사이로 반짝 비추는 날에 표정 없는 레일라는 편지를 읽어줍니다. 보낸 이의 주소가 없어도 이름이 없어도 신부는 그가 누구인지를 압니다. 성경 구절을 읽어달라며 간절한 마음으로 편지에 답을 합니다. 읽어주고 쓰는 것에 싫증이 난 레일라는 오는 편지를 쓱쓱 버리기 시작합니다. 편지의 숫자는 점점 줄어들고 야곱 신부는 실의에 빠져 치매기가 듭니다. 오지 않는 편지 때문에 점점 병들어가는 고통을 본 레일라는 잡지책을 찢어 편지라며 마음대로 읽어줍니다. 그러던 중 레일라는 자신의 서명운동에 신부와 언니가 적극적으로 가담했다는 사실을 알게 됩니다. 그동안 신부에게 언니가 보냈던 편지묶음을 전해준 신부는 때 묻은 속옷 바람으로 마룻바닥에 쓰러져 세상을 떠납니다. 헐어빠진 현관 앞에 검은 자동차 두 대가 섰습니다. 경찰차와 장의사 차입니다. 하얀 천에 덮인 야곱 신부의 시신이 들것에 실려 나옵니다. 레일라 혼자 서 있습니다. 나도 얼른 뛰어가 그 옆에 섰습니다. 바윗덩어리 같던 레일라의 마음을 여지없이 통쾌하게 깨어버리고 야곱 신부는 떠났습니다. 화려한 장미꽃과 산속의 이름 모를 작은 꽃, 다 하나님이 만드셨고 직분도 그분이 주셨습니다. 아무런 불평 없이 받는 그대로 살았던 야곱 신부는 '내가 편지를 기다린 것은 주님을 위한 것이 아니라 오직 나를 위한 것이라고, 편지는 내가 살아가는 힘이었다고, 하나님은 그 일을 시키시며 나를 붙잡아주셨다고' 합니다. 헬렌 켈러는 '단 사흘이라도 볼 수 있다면 친절과 우정으로 대해준 사람들을 보고 싶고 책들을 보고 싶고 자연과 찬란한 노을을 낮이 밤으로 바뀌는 기적의 시간을 보고 싶다고' 했습니다. 야곱 신부는 자기를 지탱해준 편지의 수호천사들을, 읽어주는 것만으로 들을 수 있었던 성경책을, 그리고 하나님께서 만드신 자연을 보고 싶었겠죠. 편지를 쓴 사람은 야곱 신부가 수호천사였고 야곱 신부는 편지를 보내는 사람이 수호천사였던 것입니다.

꽃샘추위가 기승이었던 날, 세종문화회관 앞에서 버스를 기다립니다. 일본과 우리나라의 역사적 사진들을 붙여가며 가리개 식으로 만든 간판이 줄줄이 서 있습니다. 쓰여 있는 글씨를 읽으려니 세찬 바람 때문에 글씨가 낙엽처럼 자꾸 날아갑니다. 일부러 읽으러 오는 사람들도 있겠지. 버스 기다리며 이것도 못 읽을까 싶어 세차게 불어대는 바람 속에서 읽었더니 역사의 소용돌이에 온몸이 덜덜 떨립니다. 덕분에 등짝에 얼음을 갖다 대는 듯이 오한이 오고 목이 콕콕 쑤십니다. 코코아 뜨겁게 한 잔 마시고 감기약 먹고 누웠습니다. 친구가 선물로 준 나눔포켓성경 시편을 폈습니다. 몸이 아파오니 마음이 마냥 나락으로 떨어집니다. 뭐 큰일이나 나는 듯 '구해주세요' 구절만 따라 읽다가 바로 이 구절에서 얼른 일어나 앉았습니다.

주의 나라는 영원한 나라이니 주의 통치는 대대에 이르리이다.
-시편(145:13)

야곱 신부의 무덤 앞에 쓰일 묘비명입니다. 평생 지녔을 성경책과 꿈이고 희망이고 소망이었던 하나님 나라, 전하고 또 전하고 크게 전하고 싶었던 그의 마음을 신부님의 편지를 받았던 모든 사람에게 전하고 싶습니다.

궁금해, 나무들 이야기

내 작업실은 벽제 시립묘지 바로 앞입니다. 어디를 보나 봉긋한 무덤뿐입니다. 그 사이로 봄이면 개나리, 진달래꽃을 비롯하여 갖가지 꽃들의 향연이 벌어집니다.

요즘은 뻐꾹새도 한참 신이 났습니다. 하루 종일 노래자랑 하듯 목청들을 뽑습니다. 한쪽에는 밀밭 옆에 혼자 걷기에 적당한 오솔길이 있어 점심 먹고 가끔 걸었는데 며칠 안 간 사이 길이 없어졌습니다. 그동안 풀과 꽃들이 놀랄 만큼 무럭무럭 자란 것입니다. 한번은 걷다가 죽은 나뭇가지에 걸려 넘어질 뻔했습니다.

죽은 나무, 그 수많은 세월 동안 무엇을 보았을까. 무덤 주위의 장례행렬, 통곡하는 소리, 안타까워 같이 울기도 했겠지. 울며불며 무덤을 떠나는 상객들을 배웅하고 하늘의 하얀 달빛과 더불어 어둠이 깔린 무덤을 지켰겠구나. 뜨거운 햇볕에 그늘이 되어주고 가을에는 낙엽으로 덮어준 지난 세월이 얼마인데 이젠 나무도 쓰러졌습니다. 한참이나 나무를 바라보다가 무덤을 바라보다가 했습니다. 무덤 옆에 얌전한 보라색 꽃이 보입니다. 무덤을 지키는 지킴이 같습니다. 비석의 뒷부분을 가끔 읽어보는데 1930, 1940, 1950년대가 꽤 있습니다. 시대적으로 깜깜하고 메말랐던 시절입니다. 가난과 혼돈의 검은 그림자가 뒤덮었던 시대, 젊은 나이에 이곳에 온 인생은 또 어떤 사연이 있었을까요. 부모님은 지금은 다 안 계실 테고, 그가 살아 결혼을 했다면 환갑노인이겠죠. 어디서 나비가 왔다 가는 것 같은 느낌이 듭니다. 적이 마음을 놓으면서 내려왔습니다.

'인생이 백 년을 못 채우건만 언제나 천 년 근심 품고 사누나.'

중국 위진 시대에 나오는 한시입니다. 옳은 말씀입니다. 근심걱정 내려놓고 내려갑니다.

파인딩 포레스터

"멍청한 놈들이 자신은 평생 쓰지도 못할 작품을 가져다가 하루 만에 해체해놓기 전에 말이야. 사람들을 위해 쓴 것이 아니다. 비평가들이 이러쿵저러쿵 헛소리를 시작했을 때 난 결심했지. 한 권으로 족하다고."

40여 년 전 퓰리처상을 탔던 노작가 윌리엄 포레스터는 세상을 등지고 삽니다. 그가 사는 근처에서 매일같이 농구를 하는 흑인 소년 자말이 글 쓰는 것에 재능이 있다는 것을 알게 되면서 세상을 향하여 굳게 닫힌 철문을 열고 자말과 친구가 되고 글을 쓰는 법을 가르쳐줍니다. 십육 세 흑인 소년과 윌리엄은 책 속에서 가까워지고 삶 속에서 서로 사랑하게 됩니다.

사랑하는 자말

내가 알던 어떤 사람은 우리가 실패할까 봐 또는 성공이 두려워 꿈에서 멀어진다고 했지. 네가 꿈을 이룰 거라는 건 금방 알 수 있었지만 내 자신의 꿈을 한 번 더 이루리라고는 상상도 못했다. 내 인생의 겨울이 지난 세월의 추억과 조우하는 것을 기다려오고 있었나 보다. 내 기다림은 분명히 너무 길어졌을 거다. 너의 도움이 없었다면.

노작가 윌리엄이 모든 것을 자말에게 남겨주고 유언으로 쓴 편지입니다. 참 아름답고 숭고한 우정입니다. 피로 섞인 가족도 있고 교감으로 얽힌 가족도 있습니다. 작가의 꿈을, 이상을 나눈 사랑입니다.

유명한 노 작가는 소설 쓰기에 재능이 있는 소년에게 글쓰기 작업에 대해 자세히 설명해줍니다. 예를 들면 내가 두드리는 타자기의 리듬 소리 따라가기, 작품의 첫 번째 열쇠는 그냥 쓰기, 생각하지 말고 단어, 제목 써놓고 파고들어가기. 가슴으로 초안을 쓰고 다음 머리로 다시 쓰기. 접속사 그러나, 하지만 쓰지 말기. 여기서 자말은 항의합니다. 나도 얼핏 이해가 되지 않습니다.

"타이프의 단조로운 리듬이 다음 장을 넘기게 해주지. 그러다가 자신만의 단어를 느끼기 시작할 때 쓰기 시작하는 거야. 작가가 최고로 좋았

을 때는 자신의 초안을 마쳤을 때이고 그것을 혼자서 읽어볼 때야."

자말은 농구선수이기도 합니다. 농구공을 손에서 놓지를 않습니다. 뱅뱅 돌다가 겨우 공 하나 들어가는 좁은 바스켓 속으로 쏙 들어가는 것을 보면 머리 쥐어짜며 뱅뱅 애쓰다 글 한 줄 나오는 기분입니다.

영화를 몇 번씩 보고 재능이 있는 십육 세 소년 자말을 의자로 표현했습니다. 높은 창문, 농구할 때 늘 쳐다보던 하얀색 커튼이 내려져 있는 창문은 윌리엄이고, 내려오는 끈에 묶긴 책 꾸러미는 윌리엄의 강의입니다. 나는 고독한 윌리엄과 글쓰기 좋아하는 자말의 우정의 가교가 된 수호천사입니다.

한시에도 수호천사들이 등장합니다. 고려 때 강일용이 백로를 쳐다보며 '푸른 산 허리를 날며 가르네' 한 구절을 짓고 뒤를 잇지 못해 애를 태웠는데 뒤에 이인도가 그 앞에 '교목의 꼭대기에 둥지를 틀고' 한 구절을 얹어 짝을 맞추었다고 합니다. 동서양이 멀고도 멀건만 작가의 착한 마음 아름다운 마음은 서로 통하나 봅니다. 누가 썼든 아름다운 시, 사람의 감성을 흔드는 깨끗한 그저 시입니다. 옛날에는 시를 쓰다가 다음 행이 생각 안 나 고생하다 죽으면, 그다음 세대의 시인이 행을 채워 하나의 시로 완성시켰다는데 어쩌면 이리도 마음들이 시인이었고 작가였을까요. 내 이름이 유명해짐이 아닙니다.

자연의 장관, 글의 장관

TV를 통해 세계의 오지를 가봅니다. 수만 년 전 바다에 쓸려온 모래가 산이 되었다가 암석으로 남았습니다. 빛을 따라 암청색의 여러 동물의 형상이 됩니다. 빙하가 녹아 물이 되고 그 물이 암벽을 깎아 평지가 됩니다. 물빛 그대로의 에메랄드 빙하입니다. 색깔이 오묘합니다. 빙하가 번개 치듯 소리 내며 쓸려 내리면서 큰 바위의 위치를 바꿉니다. 살아 꿈틀거리는 빙하, 미끄럽고 울퉁불퉁한 빙하 위를 걷는 법은 먼저 간 발자국을 따라가는 것, 그 누구의 안내랍니다.

빙하와 빙하 사이의 파란색의 깨끗한 물, 그 차가운 물속에 이름 모를 작은 곤충 한 마리가 신기하고 신기합니다. 무엇을 먹으며 어떻게 살까, 외로울까?

똥오줌은 제일 더러운 물건이다. 그러나 밭에 거름으로 쓰일 때는 금싸라기와 같이 아끼게 된다. 말똥, 소똥을 줍는 자는 망태를 둘러매고 말꼬리를 따라 다녔다고 한다. 이렇게 모은 똥을 거름 간에다 쌓아 두는데 네모반듯하게 쌓거나 혹은 여덟 모로 혹은 여섯 모로 혹은 누각 모양으로 쌓아올린다. 맵시가 장관이다. 민간에서 담을 쌓을 때 어깨높이 위쪽으로는 깨진 기와 조각을 두 장씩 마주 놓아 물결무늬를 만들거나 네 조각을 모아 동그라미무늬를 만들거나 네 조각을 밖으로 등을 대어 붙이면 옛날 동전 구멍 모양을 이룬다. 기와 조각들이 서로

맞물며 만들어진 구멍들이 영롱하고 안과 밖이 마주 비치게 된다. 깨진 기와 조각을 내버리지 않자 천하의 무늬가 모두 여기에 있게 된 것이다. 어찌 장관이 아니겠는가.

'깨진 기와 조각이 장관이요, 냄새 나는 똥거름이 장관이다'라는 연암 박지원의 이야기입니다.

사람들은 크고 멋진 사물에 눈길이 빼앗깁니다. 여행지를 가면 멋진 산과 들판, 화려한 궁궐, 옛 성곽이 한눈에 들어옵니다. 그러나 연암은 깨진 기와 조각과 더러운 똥오줌이 실질적으로 인간에게 도움을 준다는 것을 깨달았습니다. 작고 보잘것없는 존재에 참된 가치가 담겨 있는 것입니다. 자연이 주는 엄청난 신비로움, 인간은 상상할 수도 없고 만들어낼 수도 없는 장관들, 세월 따라 자연은 자연에 순응하며 삽니다.

TV 세계테마기행, 오지탐사 프로그램에서 자연의 멋진 장관을 많이 보아왔습니다.

아름다움의 극치만 신비함으로 생각했던 나에게 연암의 '장관' 글은 매우 놀라웠습니다. 글의 '장관'입니다.

제3부 단상

나의 주례사

결혼식에 가면 주례사가 있습니다. 좋을 때나 나쁠 때나 어느 때나 서로 사랑하고 돕고 살라고 합니다. 지극히 합당한 이야기입니다.

몽골 어느 평원에서 젊은 부부가 굵은 막대기, 가는 막대기를 서로 주고받으며 척척 집을 짓습니다. 기둥을 세우고 붉은 천을 두르며 튼튼하고 아름다운 집을 세웁니다. 염소젖을 짜서 치즈를 만들고 우리네 메주처럼 주렁주렁 천장에 매달았습니다. 이것이 겨울 양식입니다.

아이 장난감은 염소똥을 말린 것입니다. 태양열에 바짝 마른 염소똥은 팥과 콩을 넣어 만든 찹쌀 시루떡 같습니다. 똥은 그 과거를 감춘 채 아가의 장난감이 되고 있습니다. 일곱 살 난 딸이 강아지를 기르겠다고 마구 졸라댑니다. 엄마는 한 손으로 손바닥을 잡고 입으로 그 손바닥을 물어보라고 합니다. 아무리 애를 써도 입에 물리지 않는 손바닥….

"안 되지? 보기에는 아주 가까이 있어도 물기에는 너무 멀리 있는 거야. 네가 보는 것마다 다 가질 수는 없는 거야."

남편이 양의 가죽과 털을 팔아서 사다준 푸른색 플라스틱 바가지를 쓰다듬으며 함박웃음을 짓고, 염소똥 말린 것을 얼키설키 잔디에 깔고 그 위에 양고기를 매달아 구우면서 연기 속에서 흥겹게 "사랑해요 대지여, 영원히 사는 유일한 분" 노래를 부릅니다.

앞에는 수십 마리의 양떼를 거느린 남편이, 중간에는 마차에 탄 어린 딸들이, 뒤에는 소들을 거느린 아내가 겨울의 집을 향하여 평원을 달리는 모습이 인상적이었던 <동굴 속에서 나온 누렁 개>라는 영화의 이야기입니다.

부부는 추울 때나 더울 때나 합심하여 집을 짓고 다시 허물고 다시 짓습니다. 딸아이가 빗속에서 길을 잃었을 때 구해줬던 할머니가 하신 말씀 또한 지혜롭습니다. "다음 생에서도 사람으로 태어날까요?" 라는 질문에 바늘 위로 쌀알을 쏟으며 쌀알이 바늘 끝에 서면 얘기하라고 하십니다. 아무리 쌀알을 부어도 세워질 리가 없습니다.

"사람으로 다시 태어나기가 그렇게 어려운 거야. 그래서 한 사람의 인생이 그렇게 값진 것이야."

내 귀에는 올바르게 사람 노릇 하며 산다는 것이 어려운 것이라고 들렸습니다. 이들의 생각이 그렇게 지혜로울 수가 없습니다. 그곳에서 태어나 그곳에서 죽- 살아온 사람에게 자연이 준 지혜입니다. 이 영화를 본 뒤로 결혼식에 가면 생각이 많아집니다. 주례사 대신 보여줬으면 하는 마음이 굴뚝같습니다. 필연코 당신도 보았으면 좋겠습니다.

짝사랑

소녀 시절에서 여자로 막 넘어서면서 만난 남자가 ≪빨강머리 앤≫에 나온 길벗입니다. 앤을 바라보는 눈빛, 마음속 이야기를 다하지 못하면서도 앤과의 관계를 이끌어가는 모습을 상상하며 즐겁게 읽었습니다. 후에 영화에서 길벗으로 나온 남자배우의 얼굴은 아주 평범했지만 나만의 길벗은 얼굴보다도 배려하는 자상한 마음에 있었습니다. 영화 <하이눈>, <OK 목장의 결투>, <황야의 무법자> 등에서 말 잘 타고 총 잘 쏘는 용감무쌍한 정의로운 남자들, 사랑을 위해 죽은 젊은 베르테르, 남을 위해선 의사가 되고 나를 위해선 시인이 되고 싶다던 닥터 지바고, 안개보다 더 가라앉은 목소리로 자신의 안위와는 관계없이 여인을 떠나보내는 카사블랑카 릭은 그 시절의 나를 황홀하게 하기에 충분했습니다. 책이나 영화 속에서 '어머머 이런 남자, 내가 좋아하는 남잔데!' 하며 반해버린 남자들입니다.

≪앵무새 죽이기≫의 애디커스 핀치 변호사는 인생을 어떻게 살아야 하는지, 용기가 무엇인지, 직업에 따른 책임감이 무엇인지를 보여주었습니다. 영화에서는 그레고리 펙이 그 역할을 맡아서 나를 더욱 신나게 했었죠. 신중하며 깊이 있는 그레고리 펙의 얼굴인 변호사 애디커스 핀치, 그의 와이프는 이 잘난 남자 두고 어떻게 천국에 갔을까요. ≪그리스인 조르바≫에서는 조르바의 대사만 나오면 '아! 시원해,

오우 시원해!' 하며 밑줄 긋던 생각이 납니다. 영화에서는 안소니 퀸이 조르바였었죠. 두려울 것도 안 될 것도 미련을 둘 것도 인생에 걸림돌이 될 것은 하나도 없는 듯 거침이 없습니다. 입에서 나오는 소리는 다 진리(?)입니다. 슬플 때 팔과 다리를 날개를 펼치듯 모래사장에서 가볍게 추던 특유의 춤, 악기 산토리를 보자기에 소중하게 쌀 줄도 아는 부드러운 남자, 폭 의지하고 싶은 남자입니다.

종로에 있는 숙명여중고를 다닐 때 화신백화점, 신신백화점을 지나 전차를 타거나 아니면 종로 5가에 있는 충신동 우리 집을 갈 때는 걸어갈 때도 있었습니다. 하루는 친구와 영화 주인공들이 키스하는 장면을 이야기하는데, 팔짱을 꼬옥 끼고 속삭이듯 '그 둘이 에스에스아이케이 하려고 했어', '어머? 에스에스아이케이?'라고 종알대며 종로 사거리를 부끄러움에 떨며 걸었습니다. 그때는 말하는 사람이나 듣는 사람이나 19세 이상, 미성년자 불가에 해당되는 일이었습니다. 아! 지금 생각해보면 얼마나 순수의 시대였었나, 가슴이 아련해집니다.

시간은 쉴 새 없이 흘러가 어느덧 인생의 깊은 겨울에 와 있습니다. 그런데 남자가 또 생겼습니다. 지금까지의 그 많은 남자들과는 비교도 안 되는 남자.

우유 한 통을 입에 물었다 하면 단숨에 쭉 빨아먹고, 트림도 거창하게 끄륵 합니다. 나와 눈이 마주치면 함박같이 웃습니다. 함박꽃 본 지 꽤 오래됐는데 그 꽃이 웃는 모습은 나를 통째로 꽃 속으로 들어앉히고, 꽃잎으로 팍 덮는 아득함입니다. 구름보다 더 부드러운 피부, 단풍잎 같은 모습의 아주 작은 포동포동한 손, 곰발바닥 같은 두툼한 발, 뻐꾹새 소리를 닮은 딸꾹질, 어미 소가 새끼 소에게 말을 하듯이 혼자 말하는 감미로운 옹알이, 하품할 때 열리는 입 속은 활짝 핀 나팔꽃을 들여다보는 듯 신비롭습니다. 얼굴이 벌게지고 두 눈이 사시가 되어가면 힘주는 소리가 납니다. 가뜩이나 납작한 코가 힘을 주면 볼따구니 사이사이에 끼어 보이지 않습니다. 데굴데굴하게 똥을 누었을 때는 똥도 예쁘기만 합니다. 난 복이 많습니다. 계절의 끝자락에서 똥도 예쁜 남자를 만났으니.

하루에도 서너 번 '사랑해요' 하며 허연 머리를 가슴으로 밀어넣으면 간지러운지 까르르 웃고는 젖 먹은 힘을 다하듯이 머리카락이 빠지도록 잡아당깁니다. 아아 아프다는 생각과 손힘이 세서 좋다는 생각이 겹칩니다. 이런 소리를 하면 벌써 대학생 손자, 손녀들이 있는 친구들은 가만히 웃기만 합니다. 손자와 나는 70여 년이라는 길고 긴 거리가 있습니다. 시간을 의식하고 세월의 눈금을 짚어보며 빨리빨리 사랑해주고 떠나야 하는 사랑입니다. 외출에서 돌아오는 할아버지를 반기는 그 얼굴은 캄캄한 밤, 끝없는 바다를 지키는 등대의 빛처럼 반짝반짝거립니다. 찬송가 '하나님의 진리 등대 길이길이 빛나리' 생각이 납니다. 등대 같은 삶을 살게 해달라고 기도합니다.

학을 닮은 한강 다리

샌프란시스코 랜드마크인 골든게이트브리지(금문교)는 최초의 현수교로 그 아름다움과 웅장함이 유명한데, 처음 건설할 때 1년 동안 무려 23명이 추락해 죽었습니다. 건설회사에서는 거대한 그물망을 설치해 인부들의 생명을 구했다고 합니다. 골든게이트브리지에서 아스라이 보이는 곳에 '베이브리지'라는 다리가 있습니다. 1,2층으로 되어 있는 이 거대한 다리가 다운타운으로 이어지는데 교통난에 시달려 크게 다시 짓는다고 몇 년 동안 공사 중입니다.

작년 겨울 비행기에서 내려 딸네 집으로 들어가는 차 안에서 이런 저런 이야기를 하다가 "베이브리지 다 지었니?" 물으니 "응, 밤에 보면 네온사인이 참 멋져. 우선 넓으니까 시원하고, 옛날 것은 어쩜 그리 초라해 보이는지 어떨 때 보면 흉물스럽기도 해" 합니다. "얘, 그러지 마라. 그 다리가 그동안 얼마나 수고가 많았는데. 너도 몇십 년 억세게 사용을 했으면서도…", "그러게" 합니다.

멀리 다리의 모습이 나타납니다. 난간의 불빛이 오색으로 반짝입니다. 가슴이 두근두근합니다. 어떻게 생겼을까? 다리 위로 올라섰습니다. 흰색에 가까운 밋밋한 기둥 같은 것이 죽 서 있는 가운데 커다란 완두콩 같은 것이 중간쯤 드문드문 박혀 있습니다. 흰색의 빛입니다. "어쩜 이렇게 차갑니? 단순미는 이리도 재미가 없구나" 했습니다. 한

열흘쯤 지나 차가운 베이브리지를 건너 시내로 들어갈 일이 생겼습니다. 아무런 장식 없는 밋밋한 다리가 옛날 붓같이 보입니다. 뭘까? 가까이 가보니 다리 도입부에 야자수 나무 수십 구를 양쪽으로 심어 길을 만들어놓았습니다. 며칠 안 된 듯 적갈색의 흙들이 아직 벌겋게 쌓여 있습니다. 야자수 잎사귀가 사방으로 벌어지니 한곳으로 모아 끝을 잡아맨 것입니다. 그런데 야자수 끝을 잡아맨 것이 보테르의 조각처럼 통통한 붓처럼 보입니다. 그 붓으로 무수한 시어가 쏟아질 것 같습니다.

그 유연한 선이라니, 바닷바람 따라 버들강아지처럼 살랑댑니다. 다리에 들어서기 전에 양쪽에 한 줄로 죽 서 있는 푸른색의 붓들. 고전과 현대가 어울리는 순간입니다.

…밤이 이미 삼경을 지난 시간에 관문을 빠져나갔다. 장성 아래에 말을 세우고 높이를 헤아려보니 가히 십여 길은 됨직했다. 붓과 벼루를 꺼내고 술을 부어 먹을 갈아서 장성을 어루만지며 글자를 썼다.

건륭 45년(1780) 경자년 8월 7일 밤 삼경 조선의 박지원 이곳을 지나가다.

연암 박지원이 한밤중에 북경 고북구 장성을 빠져나가며 쓴 글입니다.

오랜 여행 끝에 쓴 글 중에는 이러한 글도 있습니다.

…다만 한스러운 바는 붓은 가늘고 먹물은 말라서 글씨를 서까래만큼이나 굵게 쓰지 못하고 또 시를 남겨서 장성의 훌륭한 고사를 만들지 못한 점이다.

나는 "여기 세계에게 제일 큰 붓이 있으니 바다를 먹물 삼아 맘껏 쓰세요"라고 조용히 혼잣말을 해봅니다.

그로부터 20여 일 후 서울로 돌아가면서 그 거대한 바다를 배경으로 우뚝 서 있는 붓을 휴대폰으로 찍으려고 마음먹었습니다. 그런데 그 사이 묶임에서 놓여난 붓은 야자수 나무가 돼 있었습니다. 오래전 뉴욕에서 온 친구가 샌프란시스코 야자수 나무들을 보며 "왜 이곳은 총채나무가 많으냐?"고 하는 소리에 크게 웃던 생각이 납니다.

총채나무, 오늘은 총채입니다.

"하늘도 깨끗이 털어주고 다리도 탁탁탁 깨끗이 털어주렴. 내 사랑

단비가 사는 곳이란다. 부탁해."

비행기 안입니다. 먹을 것을 주고 나더니 불을 끕니다. 자는 시간입니다. 눈을 감고 꿈을 꿉니다. 우리 집에서 가까운 한강을 그려봅니다. 한강은 이 땅의 어머니 같습니다. 이 강산을 지으신 분들은 어머니, 어머니의 어머니들이었습니다. 넉넉한 마음으로 눈 한번 찔끔 감고 모든 것을 삼켜버리셨습니다. 젊어서는 지아비를 의지하고 늙어서는 아들을 의지하고 살면서 지아비와 자식들, 시부모님께 복종한 것이 아니라 순종하였습니다. 하지만 그 속을 들여다보면 반대로 아내를 어머니를 의지하며 사람답게 자랐습니다. 여자는 약하지만 어머니는 강하다는 말은 이 땅의 어머니를 두고 한 말입니다. 근래에 읽은 상허 이태준의 어머니에 대한 글입니다.

…여섯 살 때 아버님이 돌아가셨다. 블라디보스토크였다. 어머니는

아버지를 유골이나마 이역에 묻고서는 편안히 누워보신 저녁이 없으신 듯 석 달이 못 되어 어머니는 미처 풀도 푸르지 못한 아버지의 산소를 허시었다. 흙이 좀 묻었을 뿐인 관을 조그만 청어배에 싣고 고향 땅에 들어서서 첫 항구를 찾은 것이 배기미, 지금 함경북도 부령 땅인 이진이었다… 한번은 어머니는 나만을 아니라 몇 사람의 일꾼을 데리고 아버지 산소로 가시더니 또 봉분을 허시었다. 그때는 관널이 썩어 있었다… 어머니는 팔을 걷으시고 손수 뼈를 추리시어 물에 그기까지 하시더니 백지에 싸고싸고 묶고묶고 하여 그때까지 따라 다니던 가복 '정관이'에게 지워 철원 선영으로 보내시었다… 육로로만 나가게 하신지라 떠난 지 석 달 뒤에야 선영에 봉안되었다는 기별이 났었다….

웬만한 남자도 엄두를 못 낼 일을 해낸 어머니! 블라디보스토크 외지에서 어린 삼남매를 데리고 혼자가 된 것도 모자라 산소를 두 번씩이나 파서 결국 철원으로 보낸 것입니다. 이 땅의 어머니 같은 한강에 꼿꼿한 선비를 닮은 학 같은 다리를 만들고 싶습니다. 자동차가 없는 다리, 걸어서 한강을 건너며 연극, 미술을 관람할 수 있고 아름다운 조각이 깃든 다리에 낭만이 스며든 가로등, 다리 자체가 거대한 조각이며 예술 작품입니다. 그러면 천천히 흐르는 강물처럼 우리도 깊이 있게 생각하며 살 수 있는 여유로움을 맛볼 수 있을 것만 같습니다.

손전등 아래서

어린 시절 한옥들이 기역 자로 모여 있는 동네에서 살았습니다. 대문을 통과해 누운 기역 자를 따라가면 막다른 곳이 부엌입니다. 부엌의 뒷문을 열면 널따란 배추밭이 이어지는 곳에 우물이 있었습니다. 그 너머에 큰 한길이 나오는데 지금의 이대 부속병원으로 통하는 길입니다. 동네 위쪽에는 낙산이라는 아주 낮은 산이 있었고, 그 위로 집들이 다닥다닥 붙어 있었습니다.

여름 장마철이 오면 물이 그야말로 폭포같이 낙산의 산줄기를 타고 내려옵니다. 아직도 눈에 선한 것은 흙탕물에 씻겨 내려온 갖가지 물건 중에 흔치 않은 빨간색의 하이힐 한 짝이 있었습니다. 누굴까. 저 높은 빨간 구두를 신고 무엇을 할까. 꼬리를 무는 나의 탐문은 시작됩니다. 저녁이면 흙탕물과 사방에서 쓸려 내려온 신기한 물건들을 보러 동네 언니들, 친구들과 함께 한강까지 갑니다. 지금 같으면 폐품 수집소 같은 곳입니다. 한강물을 한 번도 보지 못한 바다로 여겼습니다. 무지개. 왜 한강 쪽에서만 무지개가 떴을까요? 한강 너머로는 건너가 본 친구가 없었기에 아주 먼 이상한 나라로 생각됐던 시절입니다.

우리 집 대문을 삐걱하고 나오면 오른쪽으로 옆집 담이 있고 그 위에 아트막한 창문이 있습니다. 내가 발돋움하며 창문을 두드리면 문이 열립니다. 그 집의 마루인 거죠. "다 봤어요" 하며 빌려준 책 넘겨

주면 아무 말 없이 다른 책을 내밉니다. "얼른 볼게요" 냉큼 받아가지고 와 늦은 밤까지 이불 속에서 손전등을 따라가며 읽었습니다. 김래성의 탐정소설입니다. 흥미와 흥분의 도가니에서 난 탐정 유불란의 여자 유불란입니다. 조수입니다. 얼마 전 커다란 책방에 가서 김래성의 ≪마인≫을 샀습니다. 스탠드 당당히 켜놓고 밤새 읽었습니다. 그런데 동생과 같이 쓰던 그 방, 이불 속에서 구박받으며 손전등 이리저리 비춰가며 범인을 찾아가던 그 시절이 눈물 나게 그립더군요.

비행기에서 아래를 내려다보면 모든 길이 보입니다. 탐정소설 속 범죄자나 탐정은 어쩌면 그리 순수한지요. 범인은 '나 이렇게 했오' 하면서 단서를 질질 흘리고 다니고, 탐정은 뻔한 것을 놓치며 이리저리 찾아다닙니다. 독자는 그 어리석음에 반해서 밤새워 읽습니다. 요즘의 추리소설은 끔찍하죠. 범죄의 낭만(?)이란 찾을 수가 없습니다. 스티븐 킹과 존 그리샴 초기 작품에서 추리소설은 끝이 났습니다. 아직도 붙잡고 있는 것은 셜록 홈즈와 아가사 크리스티뿐입니다. 보고 또 봅니다.

나는 범인 너희는 탐정, 얼굴만 기둥 뒤에서 가리고 섰지 엉덩이는 '나요' 하는 어린이 탐정소설 하나 쓸까요?

1분도 못 넘기는 의지

엄지발가락이 둘째발가락에 슬그머니 기대어갑니다. 네가 왜 나보다 크냐? 첫째는 나인데. 어떻게 해서든지 타고 올라갑니다. 드디어 올라앉기 일보직전입니다. 신발 신기가 너무 불편하고 아파서 정형외과에 갔더니, 발은 발대로 전문의가 따로 있다고 그쪽으로 가라고 안내해줍니다. 붓지도 않았는데 으레 X레이부터 찍고 오랍니다.

몇십 년 전 TV에서 방영했던 영화 <뿌리>에서 남자 노예들의 발목

에 묶었던 체인과 같은 굵직한 쇠 발걸이를 내 발에 걸고 철거덕 고리를 잠급니다.

"서서히 조여 갈 것입니다. 아프셔도 있는 힘껏 참아보세요. X레이가 잘 나오려면 참으셔야 해요. 정 힘들면 소리를 지르세요."

"잘 참아볼 테니 잘만 찍어주세요."

차가운 쇠뭉치가 닿는 느낌과 통증, 그리고 잘 찍혀야 된다는 생각이 겹칩니다. '참아보자, 그런데 무슨 생각을 해야 참을 수 있지?' 고심 끝에 한창 재롱부리는 손자를 떠올리며 머릿속으로 시나리오를 썼습니다. 배경은 일제강점기. 손자가 훌륭히 자라 독립투사가 되었습니다. 일본 경찰에 쫓기고 있어서 우리 집 안방 다락 구석에 손자를 숨겨두었습니다. 손자를 독립투사로 설정해놓고 발목이 조여올 때마다 "난 모른다, 어디 있는지 정말 난 모른다" 하면서 버티자고 결심했습니다.

무거운 쇠뭉치가 가뜩이나 아픈 발목을 조여왔습니다. 기계가 한 번 돌고, 또 돌고, 또 돌고 할 때마다 "난 모른다"를 머릿속에서 되뇌었습니다. 그러다 어느새 나도 모르게 "아아, 우리 집 안방 다락에 있어요. 그만해요. 그만이요"라고 외칩니다.

"잘 참으시던데요…."

더 참아야 잘 나왔을 것이라는 얼굴빛입니다. 온몸에 기운이 쑥 빠져나갑니다. 나 살자고, 아니 정확히 늙고 쭈글쭈글한 발가락이 아프다고 손자를 배반했습니다. 나의 한계를 다시 한 번 깨닫습니다. 난 그런 사람… 크게 계획이나 세우지 말지. 집에 가면 반갑게 뛰어올 손자 얼굴 볼 생각하니 얼굴이 붉어집니다.

일직선으로 뻗은 무섭도록 적막한 하얀 달빛

어느 지루한 여름날 오후 동네 친구와 나는 우리 집 장독대 된장독 앞에 핀 봉숭아꽃을 땄습니다. 오이지독에 오이지를 꾹 눌러놓을 만한 넓적한 자갈돌 위에 백반과 봉숭아를 조심스레 찧어 섞어두고, 다락에서 엄마 반짇고리를 꺼내 흰색의 광목 헝겊 자투리를 자르고 홑청을 꿰맬 때 쓰는 굵은 실을 넉넉히 잘랐습니다. 넘어가는 석양을 벗 삼아 툇마루에 앉아 서로의 열 손가락에 촉촉하게 다져진 봉숭아를 올리고 헝겊으로 잘 싸아 실로 꽁꽁 묶어주었습니다. 백반을 많이 넣었는지 손톱 밑이 욱신거

립니다. 얌전히 두 손을 배 위에 올려놓고 잠을 청합니다. 얼마나 잤을까, 사방이 조용한데 오줌이 마려워 일어나보니 서너 개는 요 위에서 뒹굴고 있습니다. 얼른 집어서 끼어보았으나 바짝 마른 헝겊은 더 이상 힘이 없습니다.

방문을 열고 댓돌을 내려선 나는 하얀 유령에 이끌리듯 대문께로 갔습니다. 그때 나무대문 틈새로 강한 조명이 비추듯 일직선의 달빛이 마주 보이는 친구 집 대문을 비추고 있었습니다. 뼈에 저릴 듯한 직선이 꼭 닫혀 있는 흰색 대문과 그곳에 달려 있는 두 개의 둥근 검은색 문고리까지 쭉 뻗어 있었습니다. 나무대문이니 필경 나무색일 텐데 그때만은 달빛을 받아 온통 흰색으로 빛나고 있었습니다.

다음 날, 그다음 날에도 봉숭아 어찌 되었느냐고 묻지 않았고, 언제 우리가 봉숭아를 들였나 싶게 지냈습니다. 얼마 안 가 우리는 그 동네를 떠났습니다. 참 오랜 시간이 지난 후에 풍문으로 친구의 소식을 들었습니다. 불행한 결혼생활 때문에 정신적으로 이상이 생겨 어디 산속에서 요양 중이라고… 지금 살아 있다면 육십여 전 봉숭아 이야기를 기억할까요. 지금도 잊히지 않는 일직선의 시리도록 하얀 달빛은 내 평생 보름달, 달빛 하면 악착같이 나타나는 영상입니다. 무엇을 예고하는 것이었을까요.

견디며 이겨내며, 인생

머리맡에 책이 수북이 쌓였습니다. 책상 위에도 넘쳐납니다. A4 용지 한 장 놓고 글을 쓸 수 없을 정도입니다. 거실에도 여기저기. 물론 식탁 위에도 서재는 서재대로 쌓이고 쌓입니다. 모른 척 못 본 척 지나가도 나만 쳐다본다는 것도 알고 있습니다. 교통대란이 일어난 것 같이 짜증이 나고 조바심에 진땀이 납니다.

골치가 아파오면 좀더 쉬운 인생의 책을 집어듭니다. 내가 책에서까지 가슴앓이를 할 게 뭐람? 하고 다른 책을 집어듭니다. 이런 식으로 며칠 가다보면 그 책 속의 사람들로 머릿속은 복잡해집니다. 책을 읽다 그가 아프면 나도 아프고 그가 울면 나도 울고 그가 웃으면 나도 기뻐집니다. 그가 분노하면 벌떡 일어나 냉수 한 컵 마시며 창문 활짝 열고 달빛 별빛도 보일 리가 없는 답답한 아파트 한 구석 하늘을 바라봅니다. 그가 설레며 여인을 만나면 옷맵시 고쳐가며 두근두근 자세히 읽느라 목이 책 속으로 빠집니다. 그들의 삶을 나도 살아보고 느껴봐야 하기에 빨리빨리 끝낼 수가 없습니다.

지구상의 수십 억 사람들, 각기 얼굴이 다르듯 그들의 삶이 다릅니다. 여행을 해보면 더욱 각양각색의 얼굴을 볼 수 있습니다. 멀리 갈 것도 없이 버스 정류장, 길거리, 지하철, 그 많은 곳에서 넘쳐나는 얼굴들이 모두 다릅니다. 가끔 마주하는 얼굴들에 나의 조각도를 들이

대며 깎고 붙이고 그러자니 같은 얼굴들이 되어버립니다. 광대뼈가 나왔으면 그것이 그의 얼굴이고, 코가 납작하면 그 얼굴이 세상에 하나밖에 없는 그의 얼굴입니다. 하나밖에 없는 얼굴이 그의 삶이고 인생입니다.

여행 다녀오신 노인 분들께 "좋은 구경 많이 하셨어요?" 하면 "뭐 사람 사는 곳이 다 그렇지" 하시면서 "사람구경이지" 하십니다. 내 얼굴이 하나이듯이 내 삶 또한 하나입니다. 한 번인 삶은 여행입니다.

1940년을 배경으로 한 중국 영화 <인생>에서는 부러울 것 없는 대지주의 아들 부귀가 도박으로 재산을 탕진하고 하루아침에 거리로 나가 밑바닥 인생이 되어버립니다. 그림자극 도구를 얻어 생계를 이어가는 부귀는 그림자극을 좋아하는 동네 할머니, 아이들을 보면서 모처럼 생의 의미를 느낍니다. 혁명으로 내전이 일어나지만 생존의 방편으로 그림자극을 계속하다가 내전이 끝난 후에야 집으로 돌아옵니다. 그러나 아들은 교통사고로 죽고 딸은 아이를 낳다가 죽습니다. 부귀가 행복할 때는 오직 그림자극 속에서입니다.

택시 안에서 흘러나오는 라디오에서 목청 높은 젊은 여인이 "할머니, 인생이 무엇이라고 생각하세요?"라고 묻습니다. 귀가 잘 안 들리는지 몇 번째 가서야 "응, 만나고 헤어지는 거야" 별것 아닌 것 자꾸 묻는다 생각했는지 시원하게 하하 웃으며 말씀하십니다. 답답하던 내 마음이 뻥 뚫리는 명쾌한 답이었습니다. 산다는 것은 이 지구상의 모든 삼라만상과의 만남에서부터 시작됩니다. 아침에 눈 뜨면서부터 아니 꿈속에서도 우리는 사람들, 사물들과 만납니다. 무수한 것들과의 만남에서 기뻐하고 슬퍼하고 절망하고 분노하고 좌절하고 외로워하고 힘들어하고 그러다가 어느 날 이 모든 것들과 헤어집니다.

셰익스피어는 ≪리어왕≫ 5막에서 리어왕이 죽을 때 '그는 죽었다' 라고 간단하게 썼습니다. 문장을 근사하게 포장하지도 않았고 거창하게 표현하지도 않았습니다. '죽었다'는 말은 반대로 죽기 전에 살아온 모습을 생각나게 합니다.

외할머니는 내게 '운명이라는 것이 오길래 독 속에 숨었지만 소용없었다. 피할 수 없는 것, 운명과 같이 조용히 가는 것이 인생이라고' 하셨습니다. 달콤하든 쓰디쓰든 눈물이 나도록 매워도 다 함께 가야 합니다. 인생에 겨울이 오면 행복했던 날, 불행했던 날이 혼합되어 모두 그럭저럭 괜찮은 인생이 됩니다. 검정색과 흰색이 혼합된 회색이 대부분의 가방과 구두에 어울리듯이, 그만하면 잘 산 거지 하게 됩니다.

계산하지 않는 사이

바람이 이따금씩 시샘하듯 불어 벚꽃 잎이 떨어질까 봐 조마조마해집니다. 초록빛 중에서도 가장 선명한 꽃받침에 살짝 얹힌 꽃잎, 꽃봉오리, 자연의 계산법에 따라 오늘 바로 이 자리에서 피어났습니다. 나하고의 인연일까요. 가끔 불어와 꽃잎을 날리게 하는 것도 내 머리카락을 내 뺨을 스쳐가는 것도 나하고의 만남입니다. 이 가냘픈 꽃들, 작은 나뭇잎들이 가을이라는 시간 앞에 꼼짝 못하고 다 날아가면 봄이란 이름 앞에 다시 새로운 꽃과 잎이 생겨나겠지요.

걷기 싫어하는 나를 달래고 위협하며 운동을 나섰습니다. 운동이 끝나고 집으로 들어가는 길에 동네 슈퍼마켓 안에 있는 옷 수선집에서 수선한 옷을 찾고 김밥 세 줄을 사면 되겠다 싶어서 돈 만 원을 이리저리 꼭 접어서 주머니에 잘 넣었습니다. 좀전까지 읽은 책을 생각하며 걷자니 공상에 망상에 왕복 3.2킬로미터를 걸었습니다. 바람은 아까보다 자주 강하게 붑니다. 다리도 아프고 머릿속도 멍해져서 서둘러 김밥집으로 향했습니다.

문을 밀고 들어간 김밥집은 점심시간이 훨씬 지나서인지 썰렁했습니다. 계산대 옆에 알루미늄 호일에 쌓인 김밥 세 줄이 나를 기다린 듯 포개져 있길래 메뉴판에 여러 종류의 김밥이 쓰여 있지만 남은 것 팔아줘야지 하는 마음으로 "이 김밥 얼마예요?" 했습니다. 주인은 천

팔백 원이라고 합니다. "세 줄 다 주세요" 하고는 만 원짜리를 내밀었습니다. 동전 섞인 잔돈을 내주기에 그냥 주머니에 쑤셔넣고 슈퍼 안에 있는 옷 수선집으로 향했습니다. 다 됐냐는 소리에 수선집 아저씨는 종이봉투를 내밀며 사천 원이라고 합니다.

주머니에서 남은 돈을 꺼냈더니 천 원짜리 두 개하고 오백 원짜리 하나, 그리고 백 원짜리 세 개입니다. "어머, 돈이 모자라네요. 그럴 리가 없는데 내가 나올 때 만 원짜리 갖고 나와 김밥 세 줄 사고 거슬렀는데…" 당황해서 허둥거리니 수선집 아저씨는 잘못 계산해왔다면서 다음에 주라고 합니다.

"아니에요. 김밥집에 다시 가볼게요. 어찌 됐는지 알아보고 올게요" 하며 다시 되걸음을 했습니다. 내 머리를 때리고 싶었습니다. 거스름돈을 확인 안 하고 건네준 물건 그냥 들고 나오고, 특히 물건 살 때의 무심함에 화가 납니다. "주머니에 만 원만 있었으니까 계산이 틀린 것을 알았지, 만약 지갑에서 꺼냈다면 모르고 지나쳤을 거야" 이렇게 질책하면서 김밥집을 들어서니 "어서 오세요" 합니다. "좀 아까 다녀간 사람인데 계산이 잘못된 것 같아요" 여러 가지 생각에 가슴이 쿵쾅거립니다. "미안합니다. 세 줄인데 네 줄 값을 받았군요" 내 주머니에서 다 꺼내놓은 돈을 보고 주인아줌마는 다시 돈을 거슬러줍니다. 나를 믿어줌에 감사하며 또 세어보지도 않고 그냥 주머니에 쑤셔넣었습니다. "덕분에 운동 많이 했네요. 안녕히 계세요" 하며 다시 수선집으로 갔습니다.

"아저씨, 받아왔어요" 하고 주머니 안에 돈을 다 꺼내놓았습니다. "사모님, 사천 육백 원이네요. 육백 원 덜 받으셨네요" "네? 천팔백 원짜리 김밥 세 줄 사고 나머지 돈이라고 해서 다 갖고 왔는데요?" 재봉틀 앞에서 눈을 껌벅이며 계산하던 아저씨는 육백 원이 모자란다고 합니다. "그럼 또 가야겠네요" 어떤 계산을 했는지 내 난처한 얼굴을 본 아저씨는 내가 덜 받을 테니까 그냥 집으로 가랍니다. "아니에요. 아저씨가 왜 손해를 보세요. 계산 못한 내 탓이지" 그런 승강이를 하면서 내 모자람에 진저리를 치며 돌아서는데 옆집 건어물 아줌마가 인사를 하면서 강냉이 한 봉지를 맛보라면서 내밉니다. "다 귀찮아요. 만 원짜리 하나 갖고도 돈 계산을 못 하니!", "무슨 이야기인데요?" 둘러보니 미제 물건집 아줌마, 떡볶이 아줌마가 심심하던 차에 흥미 있다는 얼굴로 서 있습니다. 어색하고 부끄러운 얼굴로 어쩔 수 없이 김밥집 이야기를 했습니다. 건어물 아줌마가 계산기를 턱 집어들고 척척 계산하더니 "맞는데요?" 합니다. 맞다는 말에 후련한 마음으로 집에 돌아왔습니다. 수선집 아저씨는 김밥을 천육백 원으로 계산해준 모양입니다. 사람과 사람 사이에 오고 가는 인정을, 베풂을 계산에 넣지 않고 살고프네요.

손수건-울음터

어디 가서 실컷 울었으면 하는 때가 있었습니다. 있는 대로 마음 놓고 엉엉 소리도 지르고 발버둥도 치며 크리넥스 아낌없이 북북 뽑아 콧물도 팡팡 풀어가며 마구 던져 주위에 휴지가 수북하도록 마구마구 울고 싶었을 때가….

어쩌다 드라마에서 예쁜 아가씨들 애인하고 틀어졌는지 휴지통 앞에 놓고 작정하고 웁니다. 엉엉 발버둥 치며 책상 위에 있는 것 탁탁 집어던지며 맘껏 웁니다. 때로는 시원할 것 같아 한없이 부러웠습니다.

그런데 언제부턴가 집에서든 밖에서든 갑자기 흐르는 눈물….

안과에 갔더니 "눈물샘이 막혔는데 연세 드시면 오는 현상이에요. 눈앞에 가느다란 관을 끼우면 좀 덜 할 텐데 부작용은 바람이 불면 그 속으로 바람이 들어갑니다"라고 합니다. 어쩔 수 없이 당해야 되는 일이란 생각이 듭니다.

옛날에 초등학교 1학년은 왼쪽 가슴에 흰 손수건을 달고 다녔습니다. 또 외삼촌 대학 졸업식에서 외할머니가 두루마기에 하얀 명주 목도리를 하셨는데 목도리 끝으로 수없이 눈가를 닦으셨습니다. 처음에는 늘그막에 낳은 아들 졸업식이 즐거워서 우시는 줄 알았는데 지금 생각해보니 눈물샘이 막혔던 것입니다.

크리넥스로 찍어내고 휙 버려? 다 늙어 손수건으로 닦고 살지, 그때부터 주머니에 넣고 다닐 만한 손수건 사냥을 시작했습니다. '눈가 꼭꼭 찍어내고 살자.' 기존의 손수건은 가방 열고 손수건 꺼내 눈물 찍고 다시 넣고, 좀 있다 또 꺼내고 여간 불편하지 않습니다. 내 손바닥 안에 쏙 들어가는 것, 주책없이 아무데서나 손수건을 꺼내 눈물을 닦아야 하는데 가방을 일일이 열었다 닫았다 하는 것이 보통 성가신 것이 아닙니다.

첫째는 작아야 합니다. 둘째는 고급스러워야 합니다. 외국 영화에서 부채와 함께 들고 있는 귀부인들 손수건처럼 내 눈물 찍어냄을 잊어버릴 정도로 예뻐야 합니다. 미국에 앤티크숍에서 가로세로 10센티미터가 조금 넘는 아름다운 손수건을 만났습니다. 어느 할머니가 사계절 세트로 된 것을 장롱 속에서 몇십 년 묵히다가 내놓았고 나는 재수 좋게 바로 그날 이 손수건들과 만나게 된 것입니다. 그것도 계절별로 수를 놓은 것입니다. 크리스마스 손수건은 눈물을 찍기에도 아깝습니다. 12월이면 시청 앞에 세우는 크리스마스트리 저리 가라 하는 손수건도 있습니다. 조그만 나무 사이사이에 별게 다 달렸습니다. 그림이라면 이해가 가겠는데 이것이 다 수를 놓은 것입니다. 다 살게 마련인가 봅니다. 돈도 삼십 불이 조금 넘었습니다. 까만 바탕에 빨간 수가 가장자리에 놓인 손수건은 무척 아꼈는데 잃어버렸습니다. 지난 10월 풀밭에서 몹시도 찾았던 네잎클로버 손수건은 네 가장자리에까지 풀잎으로 테두리를 하고 한쪽 면에 네잎클로버를 드문드문 놓았는데 그 손수건을 들 때는 클로버가 상대방에게 보이게끔 눈물을 찍습니다. 당신의 행복을 바라는 마음으로 클로버 잎에 이슬방울을 주듯….

레이스를 두른 분홍색으로 선을 긋고 다시 둥근 레이스 안에 함박꽃들이 피어난, 마치 둥근 연못 안에 꽃잎이 둥둥 뜬 것 같은 모양도 있습니다. 포도송이를 그려 오려 붙인 것. 그 위에는 가을 단풍이 앙증맞습니다. 계절별로 들고 다니는 맛은 안 해본 사람은 모릅니다. 가방에 넣어두었던 손수건을 소매 사이에 끼었습니다. 어떤 사람은 내 소매에 붙은 액세서리인지 알았다고 합니다.

외출했다가 들어오면 손으로 깨끗하게 빨아 반듯하게 펴서 널어놓습니다. 서랍 속에 앙증맞은 고급 손수건이 자기 계절을 기다리고 있는 것은 생각만 해도 즐겁습니다. 눈물샘이 막히지 않았으면 이런 사치를 누리지 못했겠죠. 그럭저럭 잘 사는 것 같습니다.

봄꽃이 화사한 손수건, 한여름의 녹음 속에 고추잠자리 손수건. 가을의 열매들을 수놓은 손수건. 겨울의 크리스마스트리와 산타할아버지, 부활의 뜻이 담긴 작은 손수건… 장롱 속에서 세월을 보내고 넓은 바다를 건너 엉뚱하게도 동양 할머니의 눈물을 찍으러 왔습니다. 그리고 내 화장대 서랍 속에서 계절을 기다립니다. 사람들의 만남도 신기하지만 물건과의 만남도 못지않습니다. 인연입니다.

기쁨이 넘치고 즐거움이 넘쳐나도 사랑이 넘쳐도 미움이 목까지 차올라와도 분함이 사무쳐도 욕망과 욕심이 가득가득 넘쳐나도… 이러한 모든 감정을 푸는 데는 소리보다 더 효과가 빠른 것은 없다.

웃고 있어도 울음이 난다. 좋은 울음터구나. 울만 하구나.

울음은 하늘과 땅 사이의 우레에 견줄 만하다 한다.

연암 박지원의 울음에 대한 글입니다.

무정한 시간

오늘 점심은 작업실에 가서 '라면이나 끓여먹자' 하다가 별안간 발동이 걸려 후배랑 인근 음식점으로 들어갔습니다. 벚꽃이 가랑비 오듯이 살살 떨어지는 창가에 앉아 애호박 된장찌개를 시켰습니다. 밥에서 쉰 듯한 냄새도 나고 돼지고기 기름이 둥둥 떠 별로였습니다. 맛없이 끼니만 때운 기분이 들어서 다음에는 오지 말아야지 하며 마루에서 내려서는데 마루 한쪽 면이 혹부리 할아버지처럼 불쑥 튀어나와 있었습니다. 사방이 2미터 될까 하는 정사각형 방이었습니다. 그 안에는 튼튼하게 만든 정사각형의 좌대가 있었는데 언뜻 보기에 다리 두께가 5~6센티미터는 되어 보였습니다. 같은 두께의 넓은 판도 위에 덮어져 있습니다. 작업실에서 쓰는 조각 좌대와 똑같은 모양이어서 내심 반가웠습니다.

워낙 무거운 흙, 철근, 심봉대 등을 이용하기 때문에 조각 좌대가 좀 무지막지하게 보입니다. 그런데 이 위에 엉뚱하게도 얄팍한 흰색의 도자기가 앉아 있습니다. 엄마 호랑이와 아가 호랑이가 그려진 도자기, 얼굴에는 새색시처럼 연지곤지가 발갛습니다. 서로의 귀를, 뺨을 꼭 붙여가며 찍은 한 장의 사진입니다. 그래서인지 튼튼한 나무 좌대가 잎이 무성한 오래된 나무로 보입니다. 튼실한 소나무 아래 엄마, 아가 호랑이의 행복한 모습이 보입니다. 벽면에는 커다란 괘종시계가

비스듬히 세워져 있습니다. 기다란 추는 축 늘어져 완전히 힘을 잃었고 꼭 닫힌 시계의 큰 유리문 아래에는 아이들이 좋아하는 고양이 모양의 헬로키티 스티커가 쪼르르 붙어 있습니다. 지금도 그렇지만 80년대에 헬로키티의 선동은 대단했습니다. 아이들 머리핀부터 신발까지 가방, 공책, 필통, 그 속에 연필, 지우개, 여름에 장화, 우산, 비옷, 도시락통… 이루 말할 수 없이 많았던 그림과 스티커. 아이들은 이것이 없으면 큰일 나는 줄 알았습니다. 어느 집 대청마루, 문갑 위에는 가족들의 '지킴이'인 호랑이가 모든 액운을 쫓고, 각자의 시간을 알려주었던 시계추. 자라난 아이들은 호랑이와 괘종시계와 헬로키티… 그 시간과는 멀리 떨어져 갔겠죠.

한참 아이들이 사춘기였을 때가 생각납니다. 친정 부모님은 지금의 내 나이였습니다. 내 몸이 종합병원이듯이 부모님이 그랬습니다. 하얗게 센 머리카락, 구부정한 허리, 쑤시는 무릎, 조금만 맛있게 드시면 체하시고, 봄철과 겨울에는 감기로 세월을 보내시고, 늙음을 이해하는 것이 무척 피곤했습니다.

아이들 사춘기와 부모님의 쇠약함이 겹친 것입니다. 하루는 앨범을 뒤져 부모님의 결혼사진을 꺼냈습니다. 아버지는 흰색 와이셔츠를 단정히 입으시고 검은 나비넥타이에 뒷모양이 타조 꼬리같이 비죽이 나온 검은 윗도리 주머니에는 하얀 꽃을 꽂으셨습니다. 키가 크셨으니 참 멋있어 보입니다. 어머니는 흰색의 시폰 같은 하늘하늘한 치마저고리며 앞머리 앞에는 하얀 화환을 쓰시고 길게 늘어진 면사포는 앞으로 모아 아래쪽에 하얀 자갈들을 드문드문 놓았습니다. 이 돌이 뭐냐고 여쭈어보았더니 봄바람에 면사포가 자꾸 날려서 사진을 찍을 수 없으니 놓았다 하십니다. 흑백사진 누렇게 변한 이 한 장의 사진은 한 편의 외국 영화를 보는 듯했습니다. 그분들의 청춘을 보니 세월의 무정함이 무서웠습니다. 어머니 여학교 때 사진, 우리 형제들 어렸을 때, 6·25 사변 전 가족사진, 그리고 사변 후 막냇동생 돌 때 사진들.

사회에서나 가정에서나 그분들이 주인공이었던 시간의 모습들을 보니 지금의 모습이 참 안타까웠습니다. 거실에서 현관으로 향하는 긴 벽면에, 원탁의 테이블 위에 세월의 흐름을 따라 사진들을 나란히 놓기도 하고 붙이기도 했습니다.

아이들 사진을 찾았습니다. 모기장 안에서 자는 모습, 밥을 떠먹여 줄 때 받아먹는 모습, 전화기 귀에 대고 옹알이하는 모습… 백일사진, 돌 때 찍은 모든 식구들의 젊은 모습, 70년대 초까지는 흑백사진이 꽤 있었습니다. 여러 모로 상세히 찍은 사진들을 붙여놓고 그들의 사춘기가 여드름처럼 솟아나 힘들 때면 아가 때의 그 모습을 쳐다보며 나는 옛날 흑백필름 속을 거닐 듯 그 속에 빠져보려고 애를 썼습니다. 요렇게 예뻤는데, 재롱도 잘 부렸는데, 내 품만 찾았는데, 학교운동장에서 만나면 와락 달려들었는데, 내 손 꼭 잡고 잠들었는데… 내 마음을 누르고 눌렀습니다.

부모님의 청춘의 사진을 보며 그리움의 아쉬움에 눈물짓습니다.

그리고 아직도 내 아이들의 유년 시절 사진을 보는 것이 좋습니다.

마음의 힘

내가 책을 읽고 영화를 본다는 것은 읽으면서 보면서 쓰고 만드는 것입니다. 책은 궁금하면 다시 보면 되지만 텔레비전에서 방영되는 영화나 드라마, 다큐멘터리는 순간적이니 참 난처할 때가 많습니다. 특이한 배경, 장소의 분위기, 건축물에 따른 가구들, 고드름이 주렁주렁 달린 낭만적인 기차, 그 속의 실내장식, 시대에 따른 의상들의 변화, 그리고 그들의 대화들… 예측할 수 없는 운명을 봅니다.

아쉽게 놓친 것들이 너무나 많습니다. 연필을 들고 그 맛을 적으려면 화면은 급하게 저 멀리 가 있습니다. 요즘은 DVD로 보니 문명화에 감사할 따름입니다. 처음 볼 때는 느긋한 마음으로 보려고 애씁니다. 연필은 쥐고 있지만 그냥 쉬면서 보려고 합니다. 그러나 곧 그 강력한 힘에 이끌려 집중합니다.

책은 음식이고 집이고 옷입니다. 취미가 아니라 생활인 것입니다. 바쁜 시간을 쪼개서 밥을 먹듯이 시간을 쪼개서 꼭 읽어야 합니다. 단 한 줄이라도 먹어야 합니다. 책 안에서 우리의 꿈은 죽지 않고 안식을 찾습니다.

책을 읽을 때 나는 없습니다. 그 흐름에 나를 맡기는 것입니다. 작품도 마찬가지입니다. 시작하다 보면 그 흐름에 나를 내맡기게 됩니다. 마음의 뿌리에 힘이 생깁니다. 저 깊은 뿌리에서 피어나는 꽃, 각자의 작품입니다.

시들지 않는 기쁨

드라마를 보면 죽자 살자 세상에 자기들만 사는 것처럼 요란하게 연애를 하고 결혼을 합니다. 한 달 두 달 세월이 가고 서서히 실망이 커져갈 때 아가들이 생기고 아가의 울음소리가 커질수록 이들의 목줄이 시퍼렇게 일어나도록 큰 소리로 울부짖습니다. 이래저래 이렇게 참고 저렇게 이해하고 찌푸리며 검은 머리 파뿌리가 되도록 그냥 살거나 얽매이기 싫은 성격들은 자기 길을 갑니다.

생기가 없어진 것입니다. 무서운 세월이라는 것이 그렇게 만든 걸까요. 아니면 인간의 둔감증은 세월의 본질일까요. 사람뿐이 아닙니다. 그렇게 갖고 싶던 붉은 벽돌의 이층집도 아름다운 레이스 커튼도 집안의 특이한 장식품들도 처음의 기분은 없어져버립니다. 지루함과 권태로움이 차곡차곡 쌓이고 시간은 무심하게 지나갑니다.

나의 가장 큰 기쁨이자 즐거움은 읽고 싶은 책이 있다는 것, 보고 싶은 영화가 있다는 것입니다. 무엇과 바꿀 수 있을까요. 내 시들지 않는 기쁨이 기다리고 있으니 있는 정성, 없는 재주 다 부려서 식구들 맛있게 배불리 먹이고 설거지를 속속들이 깨끗이 하고 식탁을 빡빡 소리가 나도록 빛나게 닦고 꽃병에 물을 갈아 아스피린 한 알을 떨어뜨려 식탁 가운데 예쁘게 놓습니다. 빨래비누로 행주를 깨끗이 빨아 물기를 꽉 짠 다음 탁탁 구김 없이 털어 줄에 널어놓습니다. 그러고는

내 몸 씻으러 목욕탕으로 들어갑니다. 오늘의 책임이 끝나고 책 볼일만 남았다는 생각이 들 때의 시원한 만족감, 나만이 아는 행복, 물줄기가 궁금증과 설렘의 합창 소리로 들립니다.

넓은 초원에 빨갛게 익은 양귀비꽃이 한창입니다. 양귀비꽃을 꺾어 돌멩이가 엉성하게 쌓인 커다란 아궁이 위에 솥을 얹어 펄펄 끓는 물에 양귀비를 넣고 양털에서 뽑은 실타래를 마구잡이로 넣어 푹푹 삶았습니다. 이렇게 삶은 실들을 넓은 바닷가 모래 위에서 말리면 천연 염료가 됩니다. 그 누구도 물의 양, 꽃의 개수를 세지 않았습니다. 그런데도 색은 영롱했습니다. 양귀비를 뜯는 손의 느낌이요, 눈에 보이는 물의 양입니다.

서점에, 그 방대한 숲속에서 책을 찾아낼 때 매스컴도 물론 도움이 되지만 내가 겉장부터 시작하는 첫 구절, 중간 중간 읽다 보면 내 것인지 알 수 있습니다. 나와 인연이 닿는 것입니다. 영화도 마찬가지입니다. 맨 꼭대기에 꽂혀 있는 DVD는 글씨도 안 보이니 꺼내기도 힘듭니다. 내 눈높이에 맞는 곳에서부터 골라도 집에 들고 와 틀어보면 열 개 사면 다섯 개쯤 나하고 맞으면 큰 성공입니다. 가장 흥미로울 때는 책으로 흠뻑 취했는데 영화로 나온 것, 그런데 열이면 아홉은 책만 못합니다. 화가 날 때도 있습니다. 이해는 합니다. 그 미묘한 감정을 어찌 다 표현할 수 있을까요. 내가 나를 기쁘게 하기 위해서는 많은 노력이 필요합니다. 책을 읽기까지 영화를 보기까지 워밍업이 필요합니다. 집중하고 몰입하기 위해서는 오늘의 내 할 일을 완벽(?)하게 하는 것입니다. 오늘은 행복합니다. 내일은 생각하고 싶지 않습니다. 오늘의 파랑새로 족합니다.

깜빡깜빡

다시금 병원 순례가 시작됐습니다. 이번에는 눈이 불편합니다. 엘리베이터 안에 층수를 얼른 누를 수가 없습니다. 돋보기를 여러 각도로 돌려야 겨우 보일 때도 있습니다. 뭔가가 가리고 있는 듯해서 자꾸 눈을 비비게 됩니다.

안과에 갔습니다. 문을 열고 들어서니 어림잡아 십여 명이 앉아 있습니다. 모두 묵묵히 머리 숙이고 휴대폰과 놉니다. 조용합니다. 의사 선생님이 "깜박" 하는 소리는 새로운 환자가 앉을 때마다 이어집니다. '같은 소리를 하루에 몇백 번 해야 일과가 끝날까? "깜박" 소리가 몇 번쯤 들리면 내 차례가 올까?' 생각하다가 높다랗게 달린 선반에 꽂힌 책들을 보았습니다. 쭉 둘러보니 옛날 동화책들입니다.

할아버지는 갓을 쓰고, 할머니는 치마저고리 아래 복주머니를 달고, 머리 땋은 처녀, 아니 총각들이 등에 나무를 지고, 오두막집 기와집에서 둥근 밥상에 위에 둥글게 쌓아올린 밥그릇, 서당 훈장님의 기다란 담뱃대 앞에서 책상다리하고 글을 배우는 아이들이 나오는 동화책들 중 아픈 엄마를 살린 효심 지극한 아이의 이야기를 읽었습니다.

두메산골에 엄마와 아들이 살았습니다. 몹시 가난해서 굶기를 밥 먹듯 하다가 엄마가 병이 들어 누웠습니다. 아들은 매일매일 산신령님께 엄마의 병이 낫게 해달라고 빌었습니다. 어느 날 산신령님은 말씀하셨습니다.

"산딸기와 잉어를 잘 끓여 그 국물을 마시면 너희 엄마의 병이 나을 것이다."

눈보라가 치는 날 아이는 동저고리 바람에 짚신을 신고 산 넘고 강 건너 떠났습니다. 갖은 고생 끝에 산딸기와 잉어를 가져다가 정성껏 끓여서 엄마를 살렸다는 이야기입니다. 바빠서인지 아니면 관심이 없어서인지 동화책이 선반에 높다랗게 올라간 이유를 알겠습니다.

사계절이 공존하는 마트에 가서 모든 물건을 쉽게 구할 수 있는 요즘 아이들이 이 동화를 읽으면 무슨 생각을 할까? 그 시절 사람들이 요즘 세상을 내려다본다면 무슨 생각을 할까? 이 시대의 효자효녀는 어떻게 부모를 구할까? 그 시절 그 글을 썼던 작가는 지금이라면 어떤 식으로 효자상을 그릴까?

"깜빡깜빡" 내가 깜빡 자리에 앉을 차례가 되었나 봅니다.

노(老) 작가님의 보물들

작업실 입구는 조금 특이했다. 어림잡아 한 층 정도 아래를 가파르게 내려가는 길을 따라 조심스럽게 걸으면, 그 끝에 나무나 철제로 된 출입문이 아니라 흑갈색으로 변한 두꺼운 비닐 커튼이 있다. 한겨울에 눈이라도 쌓이면 지지대에 묶은 등산용 로프를 두 손으로 잡고 썰매를 타듯 작업실로 내려가야 한단다. 문득 영화 <타잔>이 생각났다. 장난스러운 표정으로 "이 스릴은 해본 사람만이 안다"라고, 숨겨놓은 비밀을 알려주듯 자랑스럽게 말씀하신다.

시간의 때가 묻은 커튼을 젖히니 어디서도 보지 못한 형형색색의 벽! 마치 화려한 그림으로 뒤덮인 성벽처럼 보인다. 눈을 깜박거리며 주춤하는 나에게 낮은 목소리로 "한겨울에 바람막이가 돼"라고 하신다. 흑염소처럼 까맣던 연탄, 그것에서 이리 근사한 색이 나올 줄은….

뒤엉킨 전깃줄은 어디가 시작이고 어디가 끝인지, 거미가 왔다가는 혼비백산하고 도망갈 것만 같다. 그 엉킨 줄 사이로 내려온 알전구들 하나하나에 비닐을 씌었는데, 오랜 세월 동안 쌓여온 먼지는 색깔도 형태도 ≪김약국의 딸들≫에나 나올, 누렁 종이에 약재를 싸서 천장에 주렁주렁 걸어놓은 한약방을 연상케 한다. 라디오는 설날이 되면 어린아이들이 허리춤에 차고 다니던 복주머니 모양으로 꽁꽁 싸매놓으셨다. 라디오를 동여맨 비닐주름 사이로 무수한 세월이 앉아 있다.

검은색과 흰색 돌가루가 섞이면 회색이 된다. 그런데 이 색은 회색 이전이요, 말로 표현할 수 없는 세월의 색이다.

작업실 한편에 작은 방이 하나 있는데, 그 방에 어울리지 않게 커다란 책상이 있다. 처음엔 아마도 청색? 녹색?이었을 책상이 군데군데 찌그러지고 홈이 파이고 떨어져 나갔다. 책상 뒷면을 보니 철제가 다 녹슬었다. 그 녹이 오랜 세월을 견디면서 이상야릇한 색으로 변했다. 기가 막힌 추상화가 되어가고 있는 것이다. 책상 맨 위 제법 큰 서랍은 찐빵처럼 둥글고 두툼한 자물쇠로 꽉 잠겨 있다. 어느 것보다 힘차다. 천둥번개에도 꿈적하지 않을 것 같은 자세다.

무엇이 들었을까 궁금해서 "여긴 뭐가 들었어요?"라고 여쭈니,

"중요한 것이 들었어"라고만 대답하신다.

"뭔데요?" 하고 다시 여쭸다.

노 교수님의 표정이 참 진지해지신다.

"공구들이야!"

돌가루에 절어 색을 구분할 수 없는 신발로 바닥면을 가만가만 다독이시며 말씀하셨다.

'아! 그것이었구나.'

평생 새벽 다섯 시면 일어나 돌과 마주하셨다는, 작가님의 지문이 새겨진 분신들….

처음에는 평면이었던 작업실 바닥이 지금은 여기저기 돌가루들이 쌓여 울퉁불퉁하다. 오래전 바다가 밀려와 산이 강이 되었고, 거대한 빙하가 흘러 암석을 뚫어 바다에 문을 만들었다는 것을 TV에서 본적이 있다. 암석을 쪼고 거대한 빙하를 갈라낸 그 세월, 작가는 그렇게 작품을 만들었다. 세월의 보물들이 있는 작업실에서.

둥그런 책상 위

– 얼굴에 이마가 없는 새

길이가 7센티미터 정도 되는 통통한 새가 있습니다. 동그란 까만색의 눈, 붉은 입도 동그랗습니다. 어여쁜 연갈색의 몸통에 접힌 날개도 까만색입니다. 발가락에는 약간의 붉은 기가 돕니다. 머리는 윤기가 나면서 검은색 숯이 소보록합니다. 그 위에 하얀 심지가 꿋꿋이 나와 있습니다. 초를 어찌 태우나, 싶었지만 하도 앙증맞고 귀여워서 샀습니다.

그해 겨울이 오기를 기다렸다가 끝내 켜지 못하고 여러 계절을 보냈습니다. 어느 해 깊은 겨울밤 눈송이가 가슴에 꼬옥 안고 싶을 정도로 몽글몽글 떨어졌습니다. 창문을 열었다 닫았다 하다가 결심을 했습니다. 방 안의 모든 불을 끄고 작은 새 머리 위에 기도하듯 성냥을 그었습니다.

처음에는 반딧불같이 깜박거리더니 불빛이 점점 커집니다. 곧이어 낮에 보던 모습은 없어지고, 마치 주위를 밝히는 것만이 자신의 유일한 존재 이유인 양 맹렬히 타들어갑니다. 어디서 저런 힘이 나올까? 작고 예쁜 새 모양의 하얀 초가 녹아내리는 모습을 보면서 무엇이든 이렇게 힘을 내야만 그 존재감을 느낄 수 있구나 하는 생각이 들었습니다. 어느새 이마를 지나 동그란 눈 안에 까만색의 점을 콕 찍어놓은 곳까지 내려왔습니다. 눈 없는 새를 볼 수가 없어 서둘러 꺼버렸습니다.

둥그런 책상 위에는 오래된 라디오와 연필꽂이로 쓰는 작은 주전자, 그리고 길쭉한 물통 두어 개가 놓여 있습니다. 연필이며 크레용, 볼펜, 가위, 조각도 등 잡동사니가 어지럽게 모인 곳입니다.

자그마한 나무 좌대 위에 새를 올려봅니다. 물끄러미 쳐다보다가 연필을 들고 열심히 상하좌우로 움직입니다. 그러다가 가위를 들고 입을 오므려가며 자르고, 책상에 어지러이 놓인 것들을 밀어내고 억지로 세웠습니다. 여러 각도로 찬찬히 들여다보다가 깊은 한숨을 내쉽니다. 이마 없는 새는 내가 연필을 들고 색연필로 그어가며 무얼 하는지, 조급함 속에서 지우개를 들고 무얼 지우는지 다 보고 있습니다. 그리고 모든 것이 답답해지면 자기 머리에 불을 붙이라고 동그랗게 눈을 뜨고 바라봅니다.

나만의 11월

정확히 올해도 내 앞에 와 있습니다. 내 마음대로 정해놓은 나의 달 11월. 달력에 기본적으로 빨갛게 표시되는 일요일만 빼고는 다 까만 숫자입니다. 12개월 중 빨간 숫자가 없는 달이 또 하나 있습니다. 초복과 중복이 걸쳐진 7월. 더위를 피하기 위해 휴가를 떠나는 달입니다. 직장인들 탁상용 달력이며 집집마다 걸어놓은 벽걸이 달력에 빨간 숫자가 몇 개씩 있는 달보다 더 정신이 없습니다. 그러나 11월은 깨끗합니다. 혼자 작업하는 나에게 11월은 텅 빈, 비어 있는 달입니다. 한 해를 보내는 모든 책임을 지고 새해를 맞이하는 12월이 버티고 있기 때문입니다. 크리스마스와 연말의 아쉬움을 품고 새로운 해를 기다리는 두근거림과 두려움은 12월의 몫입니다.

몇십 년 전만 해도 11월은 주부들이 1년 중 가장 바쁜 달이었습니다. 연탄이 나오기 전에는 겨울에 땔 장작을 준비했습니다. 초등학교 시절 우리 집은 기역자로 된 골목의 막다른 곳이었는데, 좁다란 길에 우마차가 들어올 수 없어서 온 식구는 물론이고 동네 친구들, 남동생들의 꼬맹이 친구들까지 동원해 활짝 열린 나무 대문 안으로 끙끙대며 장작을 날랐습니다. 1960년대에 내 살림을 시작했을 때는 "김장하셨어요?"가 새댁들의 인사였습니다. 자그마한 광 속에 11월 중순이면 연탄을 벽처럼 쌓았습니다. 그리고 동네 가깝게 지내는 이웃들이 빨간 고무장갑을 들고 와 김장을 합니다. 마당 수돗가에 쌓인 백여 개의 배추들, 무, 채소를 씻고 김치, 깍두기를 벌겋게 버무리고 배추와 고기를 푸짐하게 넣은 뜨거운 국에 밥을 말아 먹으며 잔뜩 얼어붙은 손발을 녹이면서 웃고 또 웃었습니다. 부자가 된 든든한 마음으로 김칫소 무친 것을 한 그릇씩 갖고 다니면서 다음 날엔 누구누구네 집에서 만나자고 약속을 했었습니다. 이렇게 동넷집과 품앗이를 하는 동안 11월은 뜨거운 물에 눈 녹듯이 가버렸습니다.

그런데 언제부턴가 도시의 11월은 이웃들의 맛이 담긴 '김장'이 숨어버렸고, 검은 연탄의 따끈따끈함도 사라져버렸습니다. 하지만 세월이 바꿔놓은 11월의 여유로움은 나를 즐겁게 합니다.

어느 날 아침마다 마셨던 커피잔을 흰색 바탕에 옛날 유럽의 성각이 그려진 것으로 바꿨습니다. 그리고 고갱의 <타히티의 여인들>이 프린팅 된 쟁반에 빵 한 조각, 치즈 두 개를 올리고 작은 풀잎 이파리가 수놓인 하얀색의 냅킨, 작은 수첩, 빨간 볼펜도 올려놓았습니다. 두리번거리다가 식탁 위에 놓여 있던 빨간 사과를 내 옆 의자에 놓고, 아침 식탁의 친구로 삼았습니다.

펄 벅의 소설 ≪대지≫에서 남편 왕룽을 따라 밭이랑을 걷던 오란은 남편이 살구나무에서 따먹고 버린 살구 씨를 주워 두 손 안에 꼭 쥡니다. 그리고 집 앞마당에 흙을 파고 씨를 조심히 넣고 손으로 꾹꾹 눌러놓습니다. 인생의 여러 가지 빛깔의 여정을 끝내고 오란이 떠나던 날, 왕룽은 앞마당에 활짝 핀 살구꽃을 보며 뜨거운 눈물을 흘립니다.

나는 친구가 된 사과에게 이 이야기를 해주었습니다.

"사과야, 이 이야기 넌 모르지? 넌 누구의 사랑을 받고 여기까지 왔니?"

땅을 사랑하는 농부들은 씨 한 톨도 함부로 대하지 않습니다. 빵 위에 치즈를 조금씩 올려 먹으면서 TV에서 치즈 만드는 과정을 보여준 것을 떠올렸습니다. 나에게 오기까지의 그 수고로움을 생각하며 볼펜을 들고 몇 자 적기도 하고 그려보기도 했습니다. 혼자만의 시간을 즐길 수 있는 11월이 나는 좋습니다.

딱 1년만

옛날에는 그 계절이 오기 전에는 못 먹는 음식이 있었습니다. 그래서 계절별로 제철 따라 먹는 맛이 있었고 그때가 아니면 구하지 못했기에 귀하게 여기기도 했습니다. 요즘은 대형마트에 가면 지금이 어느 계절인지 모르게 모든 것이 다 있습니다. 과일, 채소 등등. 기다림이 없으니 귀한 것이 없습니다. 사계절이 한군데 모여 그리 반갑지도 먹고 싶지도 않습니다. 싱거운 풍요(?)입니다.

지난 계절의 양분을 가득 담아 알이 꽉 찬 제철 음식이 있습니다. 영화를 한 편 봐도 뒷맛을 이어주는 음식이 있고, 책방에 가도 수많은 책 속에 제 계절에 맞는 책이 있습니다. 이렇듯 읽고 듣고 보는 것도 시간을 때를 탐합니다.

언제부턴가 꿈꿔왔습니다. 사계절에 맞는 각각의 책을 골라 가방 가득히 넣고 딱 1년만 떠나고 싶다는 것입니다. 눈 뜨면 시간별로 먹어야 되는 약 봉지들, 탁상용 달력에 표시되어 있는 모두 하기 싫은 일거리들. 특별한 이유 없이 부산스러워지는 이곳에서 멀리 떠나고 싶었습니다. 여기서 더 살려면 수시로 변하는 컴퓨터와 스마트폰의 복잡한 작동법을 알아야 된다는 것, 냉장고 문을 열고 오늘은 또 무엇을 만들어 먹나 고민해야 한다는 것. 나를 옥죄는 이 모든 일에서 벗어나 그냥 아무 생각 없이 딱 1년만 지내고 싶었습니다.

가곡 '봄처녀'에서처럼 봄처녀와 더불어 봄꽃을 보며 따스한 봄볕 아래 봄나물을 캐어 맛있게 먹습니다. 밤엔 꽃향기 살랑살랑 들어오는 창가에서 꿈꾸듯 봄의 책을 읽습니다. 여름엔 보이는 것이라고는 반짝거리는 푸른 바다, 하얀 모래바닥에 앉아 지평선 끝까지 멋있게 천천히 헤엄쳐 나가는 나를 바라보고 싶습니다. 밤에는 파도 소리에 맞추어 크게 낮게 소리 내어 책을 읽습니다. 가을에는 끝없는 자작나무 숲길을 걷습니다. 소리라고는 내가 밟는 떠나가는 낙엽 소리뿐, 그 낙엽의 이야기를 기억하며 눈을 한참 감고 있다가 다시 뜨며 조용히 책을 읽습니다. 풀벌레 소리가 효과음입니다.

하얀 눈의 나라인 노르웨이를 본 적이 있습니다. 두꺼운 얼음을 깨고 싱싱한 물고기를 잡아 나무 냄새도 그윽한 석쇠에 구어 좋은 와인 한잔에 두툼한 빵을 잘라 저녁을 먹고는 투박한 오두막집 난롯가에 모여앉아 옛이야기의 꽃을 피웁니다. 신비스러운 자연의 이야기, 지혜롭게 살다간 선조들과 용감하게 이곳을 지켜온 사람들의 이야기들. 장작불에 비추인 그들의 얼굴은 흥미로움에 행복해 보입니다. 끝내는 제 몸 태워 헌신하는 나무들. 난로 가득히 뿜어내는 그 불꽃들은 둘러앉은 사람들 얼굴에 용기와 희망을 주는 것 같습니다. 밖에는 아가 주먹만 한 함박눈이 소복소복 내립니다. 난 가만히 그곳에 앉아 그들의 이야기, 겨울의 책을 읽습니다.

봄의 노래를 듣습니다. 수채화로 그린 봄의 동산은 깨끗하면서 아름답습니다. 봄이 가득한 시집을 읽습니다. 마음속에 가슴속에 나의 딱 1년은 이루어져 가는 듯합니다.

세상에서 제일 예쁜 우리 엄마

예수의 십자가 곁에는 그 어머니와 이모와 글로바의 아내 마리아와 막달아 마리아가 섰는지라, 예수께서 자기 어머니와 사랑하시는 제자가 곁에 서 있는 것을 보시고 자기 어머니께 말씀하시되 여자여 보소서 아들이니이다 하시고, 또 그 제자에게 이르시되 보라, 네 어머니라 하신대 그때부터 그 제자가 자기 집에 모시니라.

- 요한복음 19장 25~27절

어느 해든 꽃피는 4월 고난주간이 다가오면 읽는 구절입니다. 매해 매번 '여자여, 보소서, 아들이니이다'에서는 목이 메어 끝까지 읽지 못합니다. '보소서, 아들이니이다.' '어머니, 어머니의 아들입니다.' '엄마, 미안해요. 엄마 곁을 먼저 떠나게 돼서….' '사랑해요 엄마, 엄마는 이 세상에서 제일 예쁜 우리 엄마예요.' 몇 초의 시간이었지만 예수님 머릿속에는 어머니에 대한 사랑의 안타까움이 하나의 빛, 하나의 바람, 하나의 선으로 영원히 파고들었을 테죠.

겟세마네 동산에서 예수님은 눈물이 피가 되도록 우셨습니다. 예수님은 두렵고 무섭고 외로우셨을 것입니다. 예수님은 인간이 체험할 수 있는 모든 고통을, 그 이상으로 체험하셨습니다. '아들이니다'라고 말씀하셨을 때의 그 예수님, 엄마를 바라보는 그 눈빛, 그 마음속은 대

못이 다시 박힌 듯 아프셨을 것입니다.

어머니의 온몸에서는 못자국의 피가 흐릅니다. 아들의 손과 발에 커다란 못이 박힐 때 엄마의 손과 발에도 커다란 못이 박힙니다. 엄마의 머리에도 가슴에도 두 손에도 두 발에서도 피가 흐릅니다. 붉디붉은 가슴에서 흐르는 피, 엄마의 두 눈에서 피눈물이 하염없이 흐릅니다.

'아! 어머니, 아들입니다. 온몸이 못자국인 나의 어머니.'

춥고 냄새나는 마구간 구유에 누워 엄마를, 엄마는 허리 굽혀 아들을 보았습니다. 끝없이 눈이 아프도록 보았습니다. 높다란 십자가상에서 어머니를 내려다보는 예수님의 심장 뛰는 소리, 아래서 올려다보는 어머니의 심장 뛰는 소리는 하나가 되어, 그날 밤 '이집트로의 피난길'로 돌아갑니다.

'엄마.'

'어여쁜 내 아가.'

예수님께서 엄마와 마주 보는 그림이 있습니다. 화가 밀레의 그림입니다. 두 살이 안 된 아기를 죽이라는 헤롯왕의 학살을 피해 강보에 곱게 싼 아기 예수를 가슴에 꼬옥 안고 밤길을 떠나는 성가족의 모습입니다. 화가는 어둠 속에서 별빛보다 환하게 빛나는 아가의 얼굴을 그렸습니다. 갈색 종이에 소묘용 연필로 그린 <이집트로의 피난>은 종이 자체의 색감이 검은 연필과 어우러져 차분하면서도 은은한 달빛, 그리고 지극한 고요함을 만들었습니다. 엄마와 아가의 사랑의 소곤거림이 달빛 가득히 번지고, 엄마의 그 무엇과도 비교할 수 없는 사랑스러운 빛, 아기 예수의 얼굴은 달빛 아래 엄마의 빛과 마주칩니다.

하나입니다. 엄마는 내려다보고 아기는 올려다보는, 그 무아지경 속에 떠나는 피난길… 작은 당나귀를 끌고 가는 요셉의 손에 들린 가느다란 줄과 지팡이는 낡고 낡은 것입니다.

높다란 십자가 위에서 예수님은 '아들이니다' 하면서 엄마를 내려다봅니다. 그곳에는 피눈물을 하염없이 흘리며 나아가 아들을 바라보는 어머니가 있습니다.

'엄마, 달빛 아래 엄마 품에 안겼던 아들입니다. 말구유에 누워 있던 아들입니다.'

지극한 고요함 속에서 엄마와 아가의 서로 사랑하는 심장 뛰는 소리, 그 심장은 하나였습니다. 십자가에 달린 채 어머니를 내려다보는 예수님의 심장 뛰는 소리, 꽉 잡은 두 손을 가슴에 꼬옥 대고 올려다보는 엄마의 심장 소리, 그날 그때 이집트로의 피난길, 그때로 돌아갑니다.

엄마- 어여쁜 내 아가.

기억 속에서 내가 생각하는 한 죽음은 살아 있다

"우리가 생각해줄 때 죽음은 깨어나 우리와 함께 지낸다.
기억 속에서 내가 생각하는 한 죽음은 살아 있는 것이다."

■ – 영화 〈파랑새〉에서

어느 때고 밤비행기 소리가 들리면 생각나는 아기가 있습니다.

지금으로부터 60여 년 전 6.25 전쟁과 1.4 후퇴를 겪으며 한강을 걸어서 건너갔습니다. 눈앞에는 온 집안의 짐을 다 실은 듯 커다란 소달구지가 가고, 그 달구지에는 솥단지를 비롯해 이불 보따리를 얹고, 그 보따리에는 할머니가 웅크려 들어앉았습니다. 힘든 소가 한 발짝씩 내걸을 때마다 한강의 얼음이 조금씩 깨지곤 했습니다. 얼음이 부서지는 소리가 꼭 유리 깨지는 소리 같아서 도망가고 싶었지만, 동생을 업은 엄마의 처네 끈에 묶여 있기도 했고 꽉 찬 전철 안처럼 피난민과 그들의 보따리 때문에 어쩔 수 없이 앞으로 걸어야만 했습니다. 얼음 깨지는 소리와 달구지 굴러가는 소리뿐, 한강을 가득 메운 사람들은 모두 말이 없었습니다. 언제쯤인지 얼음 깨지는 소리가 끝나고 얼어붙은 단단한 땅을 밟았습니다. 누군가 인도해주는 사람도 없었습니다. 깜깜한 밤에 그저 묵묵히 앞으로 걸어 나갈 뿐이었죠.

그때 멀리서 비행기 소리가 들려왔습니다. 소리가 가까워질 때쯤 하늘을 올려다보니 깜빡거리며 멀어지는 비행기의 뒷모습이 보입니다. 그렇게 밤비행기가 처참한 낭만을 일으키는 순간, 피난민 속에서 아기 울부짖는 소리가 났습니다. 보따리를 머리에 이은 채 쓰러진 엄마의 가슴팍 위에 있는데도 아기는 소리를 지르며 울고 있습니다. 세 살이나 되었을까. 오직 나만 아기를 바라보고, 오직 나만 아기의 울음소리를 듣는 것 같았습니다. 나 역시도 아직 어린 여덟 살. 어른들은 못 들었는지 안 보이는지 크게 우는 아기를 소리 없이 지나쳐 갑니다.

깊은 겨울에 보았던 그 아기를 누군가 안아주었더라면 지금 어딘가에서 행복한 할머니가 되었을 텐데. 밤비행기 소리가 들릴 때마다 내 기억 속에서 그 아기가 되살아납니다. 내가 기억하고 있는 한 그 아기는 여전히 살아서 큰 울음소리를 낼 테죠.

라디오에서는 5월의 여왕이 떠나가니 아쉽다고 전하고, 휴대폰에서는 지인이 보내준 피천득의 시 <5월>에서 '5월은 금방 찬물로 세수를 한 스물한 살 청신한 얼굴'이라는 구절이 뜹니다. 누군가의 희생 없이 '나', '내'가 존재할까요. 사이렌 소리에 맞추어 국립묘지를 향해 고개를 숙입니다. 풍요 속의 사막과도 같은 지금 세상은 앞으로 또 어떻게 변할까요. 휴일이라고 청춘남녀들 손에 손을 잡고 아이스커피 하나씩 들고 강남역 신호등 앞을 피난민같이 가득 메웁니다.

잿가루

그날은 따뜻했다. 나는 몸과 마음이 떨렸다. 초조함과 막연함으로 앉아 있는데, 내가 들고 있던 표의 번호를 부른다. 황망히 일어나 나를 부른 곳으로 향했다. 능숙해 보이는 은행원은 허리를 곧게 세우며 내 얼굴을, 내 눈동자를 빤히 들여다본다.

안 떨어지는 입을 벌려 조심스럽게 "카드론이라는 것이 있다고 해서…"라고 말했다. 은행원이 직업을 묻는다. "작가인데요."라고 대답하자 "어디 나가세요?"라고 되묻는다.

"전업 작가인데요."

"네?"

"나 혼자 작품해요. 그래서 전시도 하고요."

"다달이 들어오는 수입은요?"

"없는데요."

더 할 말이 없다는 듯 내 눈동자를 찾는다.

"그러면 할 수 없습니다."

의자에서 일어서기도 전에 다음 번호를 크게 부른다. 어깻죽지가 유난히 넓은 여인이 몇 개의 통장을 두 손으로 마주 잡고 내 앞으로 다가선다. 벌에 쏘인 듯 황급히 일어나 고개를 깊이 숙이고 그곳을 빠져나왔다.

밖은 너무나도 화창한 봄날이다. 봄볕이 내 몸 구석구석을 마구 쏘아댄다. 무심히 내 눈에 들어온 스웨터의 앞자락에는 점심에 먹은 김칫국물이 얼룩져 있고, 그 위에 조용히 앉은 선명한 붉은빛의 고춧가루 하나, 스웨터에 생긴 보푸라기는 한겨울 고드름처럼 봄볕에 죽죽 늘어져 있다. 부끄러움이 밀려왔다. 내게 남은 건 잿더미뿐인데 무엇을 할 수 있을까.

작가 헤밍웨이가 쓴 《노인과 바다》의 한 구절이다.

조그만 새 한 마리가 북쪽에서 배를 향해 다가왔다. (…) 노인은 새가 몹시 지쳐있는 것을 알 수 있었다. (…) 노인의 머리 주위를 맴돌다가 좀 더 편하게 느껴질 법한 낚싯줄 위에 앉았다. "넌 몇 살이나 됐니?"

노인이 새에게 물었다. "이게 너의 첫 나들이니?" 그가 말하는 동안 새가 그를 바라보았다. 새는 너무나도 지쳐 있어서 낚싯줄이 앉기에 적당한 곳인가를 확인할 기력도 없는 것 같아 보였다.

새는 가냘픈 발로 낚싯줄을 꼭 움켜쥔 채 불안정하게 몸을 앞뒤로 까닥였다. (…) "조그만 새야, 푹 쉬어라." 그가 말했다. '사람이나 새나 고기나 다 그러하듯 기회를 엿보아 행운이 오면 잡기를 바란다. (…) 낚싯줄이 갑자기 움직이자 새가 날아올랐고 노인은 날아오른 새가 가버리는 것을 볼 수 없었다.

나는 벚꽃이 마음껏 핀 나무 사이를 느리게 걷는다. 벚꽃잔치가 한창인 아파트 단지에는 남색과 붉은색의 청사초롱이 줄줄이 걸려 있다. 밤이 되면 아롱다롱 불빛이 생기겠구나. 그래, 난 그 빛 아래 작은 새 잿가루로 만든 작은 새였다.

이렇게 보아도, 저렇게 보아도 내 사랑

네 살 된 손자 지안이는 좁아터진 빌딩 사이에 운 좋게 들어앉은 주택 같은 빌딩 2층에 있는 어린이집을 슬슬 다닌다. 철 따라 마당에 꽃도 피고 그네도 있고 미끄럼틀도 있는 그런 재미있는 공간이 아니라 그냥 넓은 마루방이다. 집에서 데리고 놀아주는 것이 더 나을 것 같은데, 어린이집도 하나의 사회니 사회생활(?)을 해야 한다고 해서 툭하면 빠졌다 나갔다하며 다닌다. 주위에는 외국인학교, 중학교, 은행을 비롯해 상호도 읽기 힘든 상가들이 즐비하다.

초등학생 때인지 중학생 때인지 어쩌다 유치원을 한 번 가본 적이 있는데. 3층짜리 빨간 벽돌집 2층이었다. 동화책에나 나올 법한 꽃동산같이 담벼락에 넝쿨 장미가 예쁘게 피었고, 그 아래는 꽃잎이 떨어져 소복소복 쌓여 있었다. 조용하고 깨끗했다. 모두 똑같은 옷을 입은 얼굴이 뽀얀 아이들이 거니는 복도에는 생전 처음 보는 외국 그림들이 걸렸고, 교실에는 커다랗고 반짝거리는 검은 피아노가 놓였다. 어색하게 내 얼굴을 비추어 보았다. 낯선 풍경에 여기는 어떤 세상이지? 생각했었다.

어느 날 지안 엄마가 운전하는 차를 타고 어린이집에서 지안이를 찾아 돌아오는데, 교통난이 심한 그곳을 비집고 나오다가 길옆에 가만히 세워둔 봉고차를 드르륵 긁었다. 차 주인이 튀어나오고 지안 엄마가 황급히 내리고 지안이도 따라 내렸다. 서둘러 서로의 연락처를 주고받고 차에 올랐다. 말없이 모든 것을 구경했던 지안이가 묻는다.

"엄마, 차가 가렵대? 그래서 엄마가 긁어줬어?"

전혀 예상치 못한 지안이의 물음에 웃음이 터졌다. 지안이는 누우면 등을 긁으라 하며 잠을 청한다, 가끔 지안이 데리고 잘 때 "할머니는 팔 아파서 더 못해… " 하지 말고, 살살 리듬 주어가며 잘 긁어주어야겠다. 요렇게 예쁘게 이야기하는 시간도 금방 지나가 버릴 테니깐.

1센티미터의 정원

작은 풀꽃의 힘!

장독 서너 개를 놓을 수 있는 자그마한 장독대를 만들고 그 아래로 꽃밭을 만들었다. 부엌의 둥근 식탁에서 차 마시며 책 보며 밥 먹으며 내다볼 요량이었다. 흙을 구워 만든 독의 질감과 그 속에 들어 있는 된장, 고추장, 간장의 묵은 맛과 해마다 새롭게 피어나는 싱싱한 꽃들의 향연을 즐기고 싶었다. 어릴 때 어디서든 보았던 채송화, 쪽두리꽃, 분꽃, 맨드라미꽃, 봉숭아꽃 등을 심었다. 그러나 두 해도 못 가서 내 꿈은 꿈으로 끝났다. 지붕에서 떨어지는 빗물에 흙탕물이 자꾸 부엌 문턱을 넘어 들어오는 것이었다. 식구들 불만에 어쩌지 못해 시멘트를 개어 덕지덕지 덮었다. 그리고 아쉬운 마음에 인조잔디를 깔았다. 그러고 나니 나도 편했다. 장독대에 갈 때마다 신발을 신지 않아도 되었다. '뭐 그런 거지. 부지런해야 꽃을 보며 살지. 이렇게 게으른 사람들하고는 뭐 별수 있겠어. 그래도 인조잔디 밟으며 장독대 가는 사람이 얼마나 되려고'라고 생각했다.

내린 눈이 장독 위에 남아 있고 인조잔디 위에도 눈꽃이 희끗희끗 피어 아침햇살에 반짝이고 있었다. 그런데 늘 푸른 인조잔디와 늘 하얀 눈꽃 사이에 불쑥 솟아오른 것이 보였다. 뭘까? 다시 쳐다보아도 분명히 인조잔디보다 키가 조금 컸다. 책 보던 안경을 벗어놓고 일반 안경을 쓰고 다시 보았다. 바람에 살살 흔들린다. 유리문을 열었다. 찬 바람이 햇살과 함께 내 얼굴에 부딪친다.

풀이었다. 색깔도 선명한, 귀여운 새싹이었다. 가만히 들여다보니 1센티미터가 될까 말까 한 시멘트 틈새에서 나온 것이었다. 참, 그 감격이라니! 어여쁨이라니! 뭐라 형용할 수 없는 자연의 힘에 머리뿐 아니라 아픈 무릎까지 꿇었다. 내 마당에서. 1센티미터밖에 안 되는 작은 틈바구니에서 핀 꽃이다. 생명력이 마구마구 솟구쳤다. 그 생명력에 의지하여 나도 자연을 사랑하며 살고 팠다. 반짝이는 눈과 작은 풀꽃은 이 세상 어떤 것보다 아름답고 예뻤다. 앞으로 어떠한 일이 있다 해도 이 감격과 기쁨을 잊지 말고 용기 있게 살고 싶었다.

살수록 모르는 것

삶이 무엇인지, 무엇이라는 것이 무엇인지 정확히 모른다.
예술이, 아니 내가 하는 작품이 무엇인지.
내 하루를 무엇을 위해 사는지 모른다.

모르지만, 답을 모르지만 심장은 항상 뛰고 뛴다.
내가 알고 있을 때도, 모르고 있을 때도 정확히 뛰고 있다.
무엇을 위함인가. 심장, 그 존재의 힘인가.

내게 주신 것으로 나를 만들어간다.
독특한 나를, 모자란 나를.
그대로의 나를 만든다.
나쁜 성미가 욱 치밀어 올라도 그대로의 나를 만든다.

수면유도제를 먹고 누웠다.
입속에 넣었으니 이번에는 마음에 넣을 것을 찾자.
그 시간, 옥수수밭 위로
여름과 겨울의 차이만큼 크기가 다른 별들이 나를 내려다본다.

강아지와 산책하러 나가는 그곳,

그 별들을 그 공기를 그리워한다. 

메마른 뼈에 메마른 조화

평소 좋아하시던 꽃, 나와 같이 보시던 그 꽃을
갓 피어난 싱싱한 것으로 골라 구겨질세라
하얀 종이에 조심조심 싸들고 묘지로 간다.

무덤 앞에 놓인 꽃병을 깨끗이 닦고
가져간 꽃을 한 송이 꽂으며 이 얘기
두 송이 꽂으며 저 얘기
세 송이 꽂으며 이야기가 점점 길어진다.

향내 나는 이야기에 꽃들은 서로 얼굴을 맞대며
서서히 물속으로, 땅 속으로 스며든다.
시간이 갈수록 더욱 깊이깊이 사랑으로 스며든다.
무덤가가 환해진다.

메마른 뼈에 메마른 조화들이 여기저기 흩어져 있다.
메마른 꽃은 힘이 하나도 없다.
벌도 나비도 놀러 오지도 않는다.
지루하다. 땅 속도 지루하다.

생명 없는 꽃을 보아야 하는 그 쓸쓸함.
뼈만 남은 몸에 바짝 마른 꽃을 본다.
다시 한 번 눈을 감아야 되나…

져주고 사는 것

샌프란시스코 딸네 집에서 공항을 떠난 지 12시간 만에 인천공항에 도착했다. 그 어떤 말도 다 알아들으니 새삼 내 나라 내 세상 만난 것같이 속이 후련해진다.

올림픽대로는 빗속이다. 비행기 멀미 때문에 속은 미식거리고 어지럽다. 도로는 꽉 막혀 움직이는 것 같기도 그렇지도 않은 것 같기도 하다. 오죽이나 막힐까? 자동차의 라디오를 틀었다. 비와 어울리는 음악이 마음을 살살 움직인다.

그리고 사회자의 한 마디.

'녹슬어 없어지느니 닳아서 없어지자.'

부슬부슬 벌겋게 녹슬어 쓰레기통에 버려지느니 닳고 닳아 반짝반짝 빛나는 쇠처럼 대장간의 공구들처럼 닳아버리자. 그렇게 살자. 옛날 말 하나도 틀린 것 없다. 때린 놈은 다릴 못 뻗고 자도 맞은 놈은 다릴 뻗고 잔다고 하지 않았는가.

지문이 없어지도록 열심히 일하고 열심히 져주고 살자. 막히는 길도 괜찮아진다. 오늘 이 시간만 같다면야.

이름 없는 개

옛날 구파발로 가는 길은 좁고 길고 아주 복잡했다. 방향표시도 없는 그곳을 분위기로 짐작하며 골목길로 들어서면 자동차 높이보다 낮은 대문들이 보였다. 살금살금 골목을 빠져나오면 개천을 가로지르는 왜소하기 짝이 없는 외다리가 나오는데 푹 꺼질 것만 같아 항상 두근거렸다. 그다음으로 나오는 건 이 동네 유일한 구멍가게 이곳의 식품 유효기간은 사치다. 여기서부터 폴리 공장의 마당이 시작됐다. 그 놀라운 작품을 하던 작가들이 드나들던 장소다. 쓸 만한 쪼가리들이 없나 하고 빙 도는데, 잡동사니가 잔뜩 쌓인 곳에서 뭐가 움직이는 것 같아 기겁을 했다. 마음을 가다듬고 살펴보니 굵은 줄에 묶인 개였다. 검정개는 눈도 까맸다.

얼마 뒤 폴리 공장은 그곳에서 30여 분을 더 들어간 벽제 시립묘지 앞으로 이사를 했다. 구파발이 재개발 바람을 맞은 것이다. 이사한 곳은 첫째가 조용했다. 둘째가 깨끗했다. 셋째가 나무들이 많았다. 봄에는 산에 산에 꽃이 피고, 지칠 줄 모르고 지저대는 새들, 나지막한 곡선의 무덤 등 시선을 가리는 것이 없고 온 종일 햇볕이 강하다. 뒤꼍에 있었던 이름 없는 검정개는 자그마한 판자 조각으로 된 자기 집에 묶여 정문 오르막 입구로 오고가는 사람들에게 임무인 양 짖어댔다.

그런데 어찌 된 일인지 나에게는 무심하다. 답답한 내가 "너, 나 알고 있니?" 하면서 까만 얼굴의 까만 눈동자를 찾아 쳐다보아도 묵묵부답이다. 검정개는 제일 추운 1월이 되면 꼭 새끼를 낳았다. 많게는 7마리씩도. 그 작은 개집 안에서 새끼들끼리 밀치는 바람에 매번 2~3마리는 밖으로 떨어져 깽, 깽, 깽 울어댔다. 악착같은 놈은 다시 올라가고 그렇지 못한 놈은 애달프게 울었다 공장에서 누군가가 추위를 무릅쓰고 뛰어나가 만원 지하철 속 같은 그곳으로 비집고 넣어줘야 했다.

내가 작업실을 근방으로 옮긴 지도 6년이 가까우니 모두 몇 마리나 될까? 몹시 추운 어느 날 안쓰러운 마음에 곰탕, 설렁탕, 갈비탕 등을 사다가 어미개의 몸보신을 시켜준 적도 있었다. 새끼들은 봄이 오면 제법 커진다. 흰둥이, 누렁이, 검둥이, 때로는 흰색+검은색이 섞인 개. 고만고만한 것들이 통통하게 살쪄서 이리저리 다닌다 싶으면 어느 틈에 하나둘씩 눈에 보이지 않았다. 강아지 어디 갔나? 하는 표정으로 쳐다보면 폴리 공장 윤 사장은 "가게 하는 곳에서 달라고 해서요" 라고 한다. 그러면 쇠줄에 묶여 있는 까만 어미에게 시선이 옮아갔다. 나와 눈이 마주쳐도 아무런 변화가 없다. 언젠가는 딱 한 마리가 남았다.

"이름 지었어요?", "이름이요? 없어요."

없어요 강아지는 쪼르르 어미개 옆으로 바싹 다가앉는다. 검정개는 무표정하다. 새끼들이 달려들어 젖을 빨면 먼 곳을 바라보며 가만히 있던 그 얼굴이다. 그러고 보니 어미개는 구파발에서 날 처음 봤을 때를 빼놓고는 한 번도 짖은 적이 없다. 어미개는 그렇다 치더라도 새끼들도 날 보고 짖지를 않는다.

어느새 감나무에 감이 주렁주렁, 밤나무에 밤이 다닥다닥 매달렸다 기다란 장대를 만들어 물 한 번 준 적 없이 추수를 한다. 이곳은 서울 시내보다 온도가 몇 도씩은 낮아서 바람도 몹시 차다. 다시 정월이 온 것인가 추위와 눈 때문에 가다 말다 하다 가보면 어미와 새끼의 배에 젖줄이 불그레하고 배가 불룩하다. 어미와 새끼가 새끼를 가진 것이다. 공장 직원들이 밤이면 동네에 개 몇 마리가 돌아다닌다고 한다. 저기 무덤 근처 진달래 근처 저 개 같다고 궁금하던 차, 목을 빼고 쳐다보니 비쩍 마른 허연 개였다. 윤 사장에게 "개 주인에게 이야기 좀 해봐요. 이름 없는 검정개는 정월이면 새끼를 낳고, 윤 사장은 사료비를 대고, 새끼들이 자라면 여기저기 주려고 애쓰고… 개를 불임수술을 시키든지. 추운 겨울 국방색 천막 하나 덮은 데서 강아지 우는 소리 더 듣기 힘드네"라고 해도 씩- 웃으며 "다 그렇게 자라는 것이에요"라고 한다. 평생을 줄에 묶여 이름도 없이 정월이면 새끼들을 낳고 이름 없는 새끼들은 또 엄마 곁을 떠난다. 우린 서로 이름을 모른다. 그러나 난 그 개를 알아보고 새끼들을 알아보고, 검정개와 새끼들은 나를 알아본다.

함석지붕의 바람소리

아에이오우

참새인지, 처마가 이어지는 곳에 둥지를 틀었다. 아침에는 한바탕 떠들다가 다 날아간다. 저물녘이면 다시 돌아와 한참 시끄럽다가 어느새 조용해진다. 새들도 잠을 잔다.

작업실 지붕은 함석으로 메워져 있다. 여름에는 열기에, 겨울에는 한기에 시달리지만 바람을 타고 이파리가 굴러가는 소리는 여러 음이 뒤섞여 일을 잠깐 멈추게 만든다. 함석지붕의 바람 소리는 노래하는 합창소리다.

중학교 때 우리 반의 전체 인원이 60여 명이었는데, 발성 연습을 하면 온갖 소리가 났다. 음악 선생님은 중년의 여자 분이셨다. 가는 금테 안경을 쓰고 항상 곱게 화장을 하셨다. 검은 건반과 흰 건반을 날렵하게 치며 '아에이오우'를 먼저 부르고, 우리 반 아이들에게 따라 부르라고 하신다 듣기 좋은 음이 절대 나올 수가 없다. 목청 터져라 크게 크게 부르던 '아에이오우'. 큰 음에서 점점 줄어들어 '오우'까지 오면 길게 끌며 가라앉는다. 60여 명이 모두 다른 소리를 낸다. 결국 오늘 배울 노래를 선생님 혼자 부르시고, 우리는 수업이 끝났다고 손뼉을 쳤다.

함석지붕 위에서 나는 소리가 나를 그 먼 옛날로 이끌었다. 새들도 이 음을 듣겠지. 자기 집이 바로 지붕 귀퉁이이니깐. 잠을 깰까?

그리움의 시간 차

밤 11시가 조금 넘었다. 손자 지안이는 강아지 인형을 끌어안고 잠을 청한다. 엉덩이는 기저귀로 두툼하다. 인생 시작이다. 나는 잠과의 투쟁으로 모차르트 음악을 틀었다. CD 표지에 엄마와 아가가 서로 이마를 맞대고 활짝 웃는 예쁜 사진이 붙어 있다. 이 음악을 들으면 사랑이 흘러나와 잠이 온다나… . 책을 들고 누웠다. 하루 중 가장 행복한 시간이다.

이른 아침, 냉장고 문을 힘차게 열고 달걀 3개를 꺼내 삶는 기구에 넣고, 식탁에 토마토를 꺼내놓는다. '어휴! 크다'하며 사과를 하나, 둘, 셋 하나씩 식탁에 올린다. 빵 봉지를 꺼내 "할머니~"하며 토스트기에 넣으란다. 그리고 딸기잼을 달라고 한다. 발음이 묘해서 나만 알아들을 수 있다. 우리 둘만의 언어다.

우리 둘은 밤마다 엎치락뒤치락 잠을 청한다. 그래! 오늘은 이렇게 안녕히. 내일 아침에 일어나면 또 같은 일을 반복하겠구나. 참 이 시간이 아쉽다. 엄청난 세월의 차이가 손자와 나 사이에 있다. 이렇게 같이 있어도 그리움은 내게 먼저 찾아와 마음을 훑고 간다.

miss
you

조심스럽지만 단호하게

연주회가 한참이다. 무대가 오목거울, 볼록거울처럼 보이더니 콘트라베이스가 귀 기울이며 듣는 여인의 조각상으로 보인다. 커다란 콘트라베이스 3개는 성부, 성자, 성령으로 합쳐진다. 하나다!

나는 이상하게 저 끝에서 울리는 북소리에 마음이 간다. 음악을 들을 때 마이크 앞에 선 가수나 바이올린 연주자, 첼로 연주자 등의 흐르는 '음'보다는 저 뒤에서 둥둥 탁탁 토끼와 거북이 움직임처럼 들릴 듯 말 듯 크고 작게 들려주는 북소리의 걸음걸음이 좋다. 여러 개의 악기를 앞에 두고 두어 개의 봉으로 자유자재로 왔다 갔다 하면서 끊을 때 끊어주는, 그 가볍고도 무거운 둥~ 둥~ 소리가 듣기 좋다. 용기가 있고 결단이 있고 질서가 있다.

오늘의 가수가 마이크 앞에 섰다. 오직 자신 속에서 나오는 목소리에 힘을 쏟는다. 첼리스트는 첼로 하나에 매달리고, 바이올리니스트는 귀에 들리는 음을 잡으려 온힘을 쓴다. 드러머는 자유롭게 자연스럽게 '음'을 내주면서 받쳐준다. 빠르게 느리게 크게 우렁차게 받쳐주는 그 '음'에 빠져든다. 뒤에 있는 음, 부드러우면서도 강한 음, 보이지 않는 음은 힘이 된다.

TV에서 연주회를 볼 때마다 뒤쪽을 살펴본다. 드러머의 머리부터 발끝까지, 그들의 의복과 머리 스타일은 특이하다. 대개 사자머리다. 옷은 위에서부터 뒤집어쓴 자루(?) 옷, 열 손가락에는 크고 작은 반지가 번쩍거리고, 손과 발이지만 이상하게 온몸으로 두들기는 듯한 모습은 마치 바다에 빠진 사람이 헤엄쳐 나오는 모습 같다. 가는 음일 때는 조심스럽지만 단호하게 끊어준다. '단칼에'라는 말처럼 단칼에 딱 내리친다.

몸의 동작은 다 보여도 눈빛, 눈의 표정은 보이지 않는다. 검은 선글라스는 그 어떤 동작보다 강해 보인다.

얼굴 보고 말하고 싶다

자꾸 냉장고가 고장 난다. 얼지 말아야 할 곳은 꽝꽝 얼고, 얼어야 할 곳은 슬쩍 언다. AS센터에 전화를 걸었다. "안녕하세요. 저희 제품을 이용해주셔서 감사합니다. 어디까지나 성실하게 임하겠습니다. 지금의 전화는 00법에 의해 녹음되고 있습니다."라고 죽 나오다가 "어느 부서는 몇 번, 또 몇 번" 하면서 이어지는 속도가 너무 빠르다. 내 딴에는 숫자를 찾아 빨리 누르고 별표 또는 우물 정자 누르고, 물건번호를 또 누른다. 그런데 이번에는 고객의 주민등록번호… 식으로 나가는데 도저히 따라갈 수 없다. 다시 전화해서 누르기를 여러 번 했다. 7을 눌러야 하는데 바로 위 4를 누를 때도 있었다. 서서히 얼굴이 붉어지며 혈압이 오른다. 침착하게 대응하지 못하는 내 잘못도 있지만 요는 빠른 말과 숫자다. 아무리 말이 빨라도 70여 년을 듣고 말했는데….

오래전 개인적으로 영어를 배울 때 "영어단어 500개만 알면 일상생활하는 데 아무런 불편이 없으니 500개만 열심히 외우세요"라고 하기에 열심히 쓰면서 외웠다. 단 500개였다. 그것에 비하면 내가 아는 한국어는 무궁무진(?)하다. 심지어 몇 백 년 전 말도 안다. 옛날 소설도 척척 읽고 뜻도 감지한다. 그런데 요즘 사람들 말에는 왜 이리 주눅이 들까. 기계가 말하는 게 낯선 걸까 사람끼리의 말은 감정이 섞여서 대강의 이야기에도 그 뜻을 알 수 있는데, 기계가 하는 소리는 높낮이도 없고 음폭도 똑같아서 일까. 기계에서 사람소리가 나오지만 사투리도 없고 말하는 이의 나이도 가늠이 안 된다.

컴퓨터가 세상에 나온 이래 나하고는 전혀 관계없는 정보의 시대가 열렸다. 무엇 때문에 모든 것을 알아야 할까. 알아서 무엇에 쓰자는 걸까. 가뜩이나 복잡한 세상인데. 너무 많이 알면 오히려 진가를 알기 어렵다. 그 어떤 것이 진실이고 거짓인지. 옛날같이 물건을 산 가게에 가서 "사장님, 냉장고가 이러저러하는데 한 번 봐주세요" 부탁하고 집으로 같이 온다. 그리고 고친다. 끝. 이런 세상이 나한테는 꼭 맞는다. 난 발품 팔아 사는 시대에 살았다. 이렇게 기계와는 힘드니 어찌할꼬. 100세 시대라고 하는데 나는 표정 보며 사람과 말하는 세대로 끝내고 싶다.

사랑이 뭐길래 작품이 뭐길래

흘러내리는 땀에 아무것도 손에 잡히지 않는데. TV에서는 영화 〈위대한 개츠비〉를 소개하는 광고가 계속 나오더군요. 도대체 무엇이 위대하다는 말이지? 내 생각에는 사랑받을 자격이 없는 못된 '데이지'를 '개츠비'는 목숨도 아까워하지 않을 정도로 아끼고 사랑합니다. 도무지 이해할 수 없는 마음에 영화를 다시 보고 책을 읽었습니다. 누군가의 감상평에는 '개츠비가 왜 위대한 개츠비인가. 그에게는 어떤 상황 속에서도 희망을 발견하는 탁월한 능력과 낭만적인 준비성이 있었다. 그는 아무리 힘들어도 삶의 희망을 버리지 않았고, 사랑에 실패했지만 다시 사랑하기를 두려워하지 않았다. 바로 그가 위대한 이유다'라고 쓰여 있었습니다.

저는 엉뚱하게도 이것을 작품에 대비해보았습니다. 사랑(작품) 때문에 무너져 내려도 사랑(작품)하기를 두려워하지 않고 언제라도 다시 사랑(작품)에 빠질 수 있는 사람이라고.

영화 《바베트의 만찬》에서는 이런 말이 나옵니다. '최선을 다하지 않고도 박수를 받는 것만큼 참을 수 없는 것은 없다. 예술가가 세상을 향해 부르짖는 것은, 최선을 다할 수 있도록 날 내버려둬 달라는 외침뿐이다.'

중국 시인 소동파는 '적벽부'를 지을 때 버린 초고가 수레 3대에 가득했다고 합니다. 시인이 시를 짓는 것, 작가가 작품을 만드는 것을 참을 수 없는 가려움(기양)으로 표현했더군요. 고치고 고치고, 긁어도 긁어도 가려운 것… 시를 향한 자신의 병적인 몰두를 '슬프다, 무익한 일에 정신을 낭비하다니…'라고 할 정도로 소모적으로 여기면서도 무엇 때문인지 참을 수 없어 다시 시를 쓰고 말았나 봅니다.

열기와 목숨을 건 집착 속에서 약간은 미친 듯이 작품을 했습니다. 아무짝에도 쓸모가 없다는 것을 잘 알면서도 쓰지 않고는 못 견디는 사람이 시인이고 작품을 하는 작가입니다.

바다, 섬에서

하얀 거품이 된 물방울이 수없이 밀리며 퍼져나간다. 밤바다도 지중해도 하나님께서 궁창을 만드셨다. 어디가 시작이고 어디가 끝인지는 모르나 하늘도 깜깜하고 바다도 깜깜하고 그저 하얀 거품만 소리를 내며 움직인다.

어제가 로마, 오늘은 시실리 섬으로 간다 했다. 커다란 배 11층 객실에 누워서 아침을 기다리고 있다. 아침 식사는 15층에서 7시부터다. 국적 불명의 그 많은 음식들, 생전 처음 보는 얼굴들. 그 틈새로 접시를 들고 다니던 낯선 사람들은 지금쯤 다 자고 있을 것이다.

아침에 그 왕성한 식욕을 채우기 위해, 시계를 보니 새벽 2시가 지났다. 배에서는 물이 귀해 모두 물병을 들고 다닌다. 내 앞에도 서너 개의 페트병이 놓여 있다. 높이 20cm의 그 페트병은 유난히 허리가 잘록하다. 옛날 배우 '지나 롤로브리지다'의 허리처럼, 하나씩 꺼내들었으나 꽉 잠긴 하늘색 뚜껑이 요지부동이다. 아침이 되려면 아직 멀었지만 느지막이 동이 떠오르면 엘리베이터 앞에 서있는 누군가에게 눈과 손을 의지해 청할 수밖에. 지중해 위에 둥둥 떠 있건만, 손에 잡히는 물은 마실 수 없다.

빨랫감 몇 개를 쓰레기통에 넣어버렸다. 빨아 말릴 곳이 전혀 없다. 이곳의 집들은 세탁물이 길가 담벼락에 매달려 있다. 공중그네 타듯이 집집의 세탁물을 건너건너 속옷 구경까지 하게 된다. 빨강, 주홍, 노랑, 초록, 무지개 색 옷들이 다채롭다. 섬이라 그런지 이 풍경도 재미있다. 남우세스럽거나 흉해 보이지 않는다.

서울을 떠난 지 한 달이 넘었다. 샌프란시스코를 떠나 며칠째 바다 위에 떠 있다. 잠은 안 오고 목이 마르다. 목구멍이 간지럽고 자꾸 잠긴다. 물병 뚜껑 하나 내 맘 내 뜻대로 안 된다. 이 배 위에 나같이 불쌍한 사람 있을까.

내일의 계획

새해라고 해서 특별히 계획을 세우지 않은 지 오랜데, 라디오에서나 TV에서나 몇 시간 후면 새해가 시작된다고 자꾸 알려준다. 새해? 수돗물이 끊어진다는 아파트 안내방송이라도 들은 양 서둘러 빨랫감을 찾았다. 베란다로 뛰어가 빨래바구니 속에 든 빨랫감을 뒤적거리다 손목이 시원치 않다는 생각이 스치자 손수건과 마스크만 몇 개 집어 들었다. 보신각 앞에 선 아나운서는 새로운 세계가 열리는 것처럼 흥분하며 떠든다. 링에서 쓰러진 권투선수를 보며 하나, 둘, 셋 카운트다운을 하는 듯하다. 수돗물을 크게 틀었다.

'제발 들리지 말아다오. 나는 싫다 보신각 종소리도, 곧 새해가 된다는 소리도 싫다.'

다른 이에게는 희망의 새해겠지만 나는 그저 이 시간에 빨래를 하고 싶다 . 세탁기를 돌리고 싶으나 아래위 붙어사는 아파트에서는 삼갈 일이다. 빨랫비누를 칠하고 두 손으로 빡빡 문지르고 다시 펴서 또 문지르고 일어난 거품을 보며 '나가라, 멀리 나가라'하며 헹구고 또 헹군다. 그리고 두 손목이 아프게 꼬옥 짠다. 탁- 탁- 소리도 요란하게 털고 또 턴다. 반듯하게 펴져라 하면서 건조대에 널었다. 자꾸 잡아당겨 또 편다.

TV에서는 흥분과 아우성이 끝났다. 조용하다. 책꽂이를 들여다보니 오래 눈에 익은 커다란 비닐봉투 속에 붉은 수첩이 보인다. 손을 대다 말다 하다가 꺼내어 들추어봤다. 내가 적은 거창한 다짐들이 가만히 나를 바라본다. 내일 할 일을 적어야지. 내일은 새해지만 오늘이 가면 오는 새날이기도 하니까.

세상에 무덤이 부러울 줄이야

-Gate of Heaven Cemetery

프리웨이를 벗어난 자동차가 옆길로 빠진다. 달려가는 앞차 번호판만 바라보던 눈길들이 새로 들어선 길로 옮겨진다. 우리나라로 치면 4차선쯤 됨직한 2차선 길 양편으로 오래된 굵은 나무들이 죽 늘어서 있다. 그 길로 또 한참 가다 오른쪽으로 완만하게 꺾어 들어가니 옛날 영화에서 보던 고풍스러운 집들이 높지 않은 산등성 위에 세워져 있다. '조용하다. 이 길, 저 집들, 맑은 하늘에 떠 있는 깨끗한 하얀 구름들은 변함없겠다'라고 생각하는데, 눈앞에 분수가 높게 솟아오른다. '웬 분수지?'하며 분수를 끼고 크게 도는 찰나, 정말이지 넓디넓은 평야가 펼쳐진다. 햇살을 받은 풀들은 너무나도 깨끗하고 아름답다. 널찍한 들판에 깔린 잔디 곳곳에 꽃들이 꽃병에 꽂혀 있고, 꽃다발이 겹겹이 누워 있다. 주차장에는 검은 차들이 줄지어 멈춰 선다. 아, 이곳은… 나는 이 아름다운 평원에 잠시 어리둥절해졌다.

비가 와야 할 시기가 훨씬 지났으니 메마른 땅, 먼지가 가득한 공간에서 무더위에도 살아남으려고 발버둥치는 벌레들에게 늙은 피가 뭐 그리 좋다고 여기저기 뜯기고 물렸다. TV에서는 안된 소리만 들려주고 모든 상황을 가중시킨다. 가뜩이나 오지 않는 잠, 청하고 애원해보

아도 소용없다. 그러니 생각은 부러운, 부러웠던 그곳으로 옮겨간다.

나는 시댁도 친정도 모두 높은 언덕 위에 자리한 공원묘시에 모셨다. 그래서 세상에 이런 곳이 있으리라고는 상상도 못했다. 가파른 동산을 기어 올라가다시피 할 필요도 없고 제사상을 차릴 필요도 없다. 들판에 누운 이를 생각하며 기도하고 찬송하고 꽃을 놓아주면 다 되는 장례식이다. 숲속 넘어 멀리 보이는 새의 깃털처럼 우뚝 솟은 빌딩은 육체에서 빠져나간 영혼이 날갯짓을 하는 것처럼 보였다. 시원하게, 훨훨, 그리고 안녕히, 솟아오른 물 사이사이로 정사각형 문들이 모여 있다. 분수를 보느라 미처 못 봤는데 화장한 시신의 가루를 넣은 곳이란다. 흰 대리석 문의 손잡이는 두툼한 황금색 반지 모양(우리네 목욕탕 옷장이 생각났다)이다. 마치 신부의 하얀색 면사포와 금색의 반지 같다. 석양을 듬뿍 받은 흰색과 황금색은 더할 나위 없이 화려해 보였다.

다른 세상으로의 결혼식.

그래, 어쩌면 이곳에서의 이야기가 끝나고 저곳에서의 이야기가 새롭게 시작되겠구나. 흙에서 와서 흙으로 돌아가는 길이 이리도 깨끗하고 아름다울 수 있을까.

순간 그 널찍함이, 시원함이, 단순함이, 그 평화로움이 가슴으로 밀려왔다. 이 땅의 삶은 어찌 되었건 누구나 고달픈 것, 그러나 마지막은 이토록 아름다운 평원에 네 활개 펴고 누울 수 있다니 얼마나 좋을까. 지는 해를 받은 우거진 나무들과 흰 대리석 문과 황금색 손잡이는 유난히도 번쩍거렸다.

닫는 글

몸은 쉬고 싶다고 하는데 잠이 오지 않아서 할 수 없이 책을 다시 집어듭니다. 세상이 많이 변했다고들 합니다. 그러나 삶의 본질은 변한 것이 없습니다. 몇백 년, 아니 그 이상의 글인데도 이 밤에 읽으면서 옳습니다 합니다. 과거는 떠나지 않습니다. 생각하지 않기 때문이지 결코 죽지 않는 과거 덕분에 우리에게 참삶의 길을 인도해주는 문학, 음악, 미술 등에서 수많은 과거를 감상하고 논하고 따르며 확신하고 참고하여 공부합니다.

한밤중 아주 오래전 떠난 그분들의 책을 읽고 그림을 보며 위로를 얻습니다. 음악을 듣습니다. 자연의 소리, 우주의 모든 소리가 들리는 것 같습니다. 천국에서 지옥까지 빠르게 또 느리게 마음 구석구석을 감싸안습니다. 세포 깊숙이 많은 것을 느끼게 합니다. 명화집을 봅니다. 한참씩 들여다봅니다. 구석구석이 무척 재미있습니다. 거기에서 삶의 기쁨, 슬픔, 아름다움, 그리움을 봅니다. 옛날의 양식들, 자연의 멋스러움, 신비함, 웅장함을 봅니다. 옛글을 읽으며 지혜를 얻고 오늘을 살아가고 옛 음악을 들으며 감정의 풍요로움을 느낍니다. 옛 그림을 두 손으로 쓰다듬으며 냄새를 맡습니다. 미래의 변화된 모습을 그려봅니다.

몸이 먼저였는지 마음이 먼저여서 몸이 아팠던 건지 아리송합니다. 늙는다는 것이 천둥번개 같은 청년 시기의 고민과 별반 다르지 않다는 걸 알았습니다. 삶이란 청년이건 노년이건 뼛속 깊은 아픔을 견뎌내는 것이라는 걸 알았습니다. 몸이 본격적으로 아파옵니다. 아프던 곳이 좀 나았나 싶으면 기다렸다는 듯이 다른 곳이 아파옵니다. 그야말로 머리끝부터 저 아래 있는 발가락까지.

매일 밤 에드워드 뭉크의 슬프고 우울한 죽음의 그림자가 내 주위를 맵돕니다. 사람이 늙으면 병들다 죽는, 그 당연한 수학공식을 자꾸자꾸 가르쳐줍니다. 피할 수도 막을 수도 없습니다. 자연이 새록새록 위대해 보입니다. 폭풍에 씻기고, 눈 쌓이는 나무들의 늠름함과 무게감, 깊고 깊은 언 땅을 뚫고 나오는 새싹들의 신선함과 당당함이 부러웠습니다.

용기가 없으면 영광도 없다는 옛말이 있습니다. 산은 홀로 있어도 조바심치지 않는다는 말도 있습니다. 나와의 대화가 길어집니다. 하지 말아야 할 일을 한 것에 대한 후회, 해야 될 일을 하지 않은 것에 대한 후회, 시간이 거꾸로 돌아가서 이 시간 나를 아이로 만들어주길 원합니다. 세상 따라 흔들리는 갈대 지팡이를 의지하고 휘둘리며 살아온 그 많은 세월… 침침한 작업실에서 홀로 조바심치며 작품을 만들었습니다. 혼란스러움의 널을 뛰며 <평화> 시리즈를 만들었습니다. 50여 년 동안 1천여 점의 작품을 만들었습니다. 이유 모를 외로움을 달래가며 기둥을 세웠습니다. 그런데 이제 보니 지붕 없는 기둥이 되어 있군요. 비와 바람을 막아주지 못하는 '평화', 안식 없는 '평화'를 만든 셈이죠. 참으로 헛된 만족인 세월을 보냈습니다. 먼 곳에서 파랑새를 찾았습니다.

긴 삶의 고통 중에서도 인생의 끝자락인 겨울에 만나는 육신의 고통을 통해 인생을 새롭게 생각할 기회를 만났습니다. 다시 시작할 수 있을까요?

한권의 책이 출간되기 까지 도움을 주신 분들이 너무나 많군요. 세상이 발전하는 속도를 따라가지 못하는 저를 위해 애써주신 분들께 감사를 전합니다. 특히 시간이 빛같이 빠르다 하지만 그 빛이 서너 번 바뀔때마다 "허허" 웃으며 기다려 주신 서문당 최석로 사장님, 그리고 편집부 여러분, 감사합니다.

■ 2018년 1월

■ 김 경 옥